Unit 7   Expressing choice and preference

Practice in French grammar

for students starting post-16 courses

Michael Gross

M·G·P

MARY GLASGOW PUBLICATIONS

Contents

Using this book

Use this book to find out about or practise certain grammatical points that are causing you problems in your written or spoken French. You can also refer to a particular section of the book in order to plug a gap in your grammatical knowledge.

- Use the index at the back of the book (pages 216–221) to find out where a particular structure is explained and practised.
- Study the introductory dialogue or monologue to find out how the grammatical structure is used in a particular context. Use a dictionary to look up essential items of vocabulary.
- Read the explanation of the grammatical rule in English and learn it thoroughly.
- Then, even more important, learn by heart the French examples which use the structure.
- Test your knowledge of the rule by doing the relevant exercises.
- As you do the exercises, write out the whole sentence or passage rather than just the item to be inserted, so that you can see the relationship between all the elements in the sentence.
- Check your sentences from the correct version at the back of the book (pages 189–215). Pay particular attention to any that are wrong. Study the rules again and if you still cannot understand why your answer is wrong, consult your teacher.
- Learn by heart the correct version of the sentences, noting their meanings as well as their form.
- To consolidate your knowledge, translate the French sentences into English. After a few days, translate them back again into French, checking your translation with the original version.
- Only learning by heart and frequent consolidation will enable you to master these structures fully so that you can use them competently in speech and in writing.
- As you read more French, you will become aware of variations in the standard form of grammar that has been used in the dialogues and exercises in this book. Note these variations and discuss them with your teacher to see how you can begin to integrate these more flexible elements into your own writing and speaking.

Glossary of grammatical terms

Nouns

● A noun is a word used to name a person or an object or an abstract quality:

a **tourist**	un **touriste**
a **campsite**	un **camping**
the **beauty** of the **scenery**	la **beauté** du **paysage**

● Nouns can be used with the definite article (**the**) or the indefinite article (**a** or **an**). The French equivalents of **the** are **le, la, les** and of **a** are **un** and **une.**

● In French nouns can be either masculine (le/un camping) or feminine (la/une plage). They can be used in the singular (a campsite, the campsite: un camping, le camping) or in the plural (some campers, the campers: des campeurs, les campeurs).

Pronouns

● A pronoun is a word that can stand in for a noun, for example: **he, she, we, you, they, him, her, it.**

The guide escorted the tourists to the main square.
He escorted **them** to the main square.
Le guide a emmené les touristes à la place principale.
Il **les** a emmenés à la place principale.

Adjectives

● An adjective is a word used to describe a noun:

a **beautiful** afternoon	un **bel** après-midi
a **magnificent** beach	une plage **magnifique**

- Possessive adjectives are words like **my, your, his, her, our, their** used with nouns to indicate possession:

  my car   **ma** voiture
  their villa **leur** villa

- Demonstrative adjectives are used to indicate which nouns are being talked about:

  this house   **cette** maison
  that restaurant **ce** restaurant
  these trees   **ces** arbres
  those flowers   **ces** fleurs

- The comparative form of the adjective is used when making comparisons between two people or things:

  The hotel was **more expensive** than the other one but the pool was much **smaller.**
  L'hôtel était **plus cher** que l'autre mais la piscine était beaucoup **plus petite.**

- The superlative is used when comparing something or someone to two or more others.

  the most attractive hotel   **le plus bel** hôtel
  the best facilities   **les meilleurs** équipements
  the least expensive room la chambre **la moins chère**

A relative clause

- A relative clause is a clause beginning with **who, which, that** or **where** which tells us more about a particular noun:

  The family **which** had the pitch next to us was Dutch.
  La famille **qui** avait l'emplacement à côté de nous était hollandaise.

  The person or the thing that the relative clause refers back to is called the antecedent. In this example, the antecedent is the family (la famille).

● In French, the relative pronoun is never omitted:

The museum we visited was very interesting.
Le musée **que** nous avons visité était très intéressant.

Verbs

● A verb is a word which tells us what someone or something does or is or what someone thinks or feels:

Steve **goes** often to France.	Steve **va** souvent en France.
He **likes** the good food.	Il **aime** la bonne cuisine.
He **speaks** French reasonably well.	Il **parle** assez bien le français.
He **is** a good windsurfer.	C'**est** un bon véliplanchiste.

● The verbs above are in the present tense because the emphasis is on what Steve is at the moment (a good windsurfer), what he generally likes about France (the good food) and what he often does (goes to France). Tenses indicate the time at which an event takes place. For example, if we talk about what Steve did last year, we use the past (perfect) tense:

L'année dernière, Steve **a gagné** un concours.

If we talk about what he will do next year, we use the future tense:

L'année prochaine, Steve **participera** à un concours à Paris.

● Any verb can be either positive, indicating what someone does, or negative, indicating what someone doesn't do:

Positive:
He **watches** a lot of T.V.   Il **regarde** beaucoup la T.V.
Negative:
He **doesn't watch** much T.V.   Il **ne regarde pas** beaucoup la T.V.

Other negatives are: nothing (ne . . . rien), nobody (ne . . . personne), never (ne . . . jamais), no longer/no more (ne . . . plus).

● The infinitive is the form of the verb used to name it, as in a dictionary, for example, **to go**, **to drink**, **to eat**: **aller, boire, manger.**

● To conjugate a verb is to give the various parts of the verb corresponding to different persons of the verb, such as **I, you, he, she, we, they**. For example:

I go, you go, he goes, she goes, we go, they go
je vais, tu vas/vous allez, il va, elle va, nous allons, ils vont.

● The subject of a verb is the person or thing that performs the action of that verb:

The tourists got into the coach.   **Les touristes** sont montés dans le car.

The coach left for the airport.   **Le car** est parti pour l'aéroport.

● The direct object of the verb is the person or thing affected by the action of that verb:

The police arrested **the campers** because they had broken some windows.
Les agents ont arrêté **les campeurs** parce qu'ils avaient cassé des fenêtres.

● The indirect object of the verb always conveys the idea of to somebody or something:

The man in charge spoke **to the campers**.
Le gardien a parlé **aux campeurs**.

● The active form of the verb is used when the emphasis is on what the subject of the sentence does whereas when the emphasis is on what is done to the subject of the sentence, the passive form of the verb is used:

Active form:
Steve **pushed** the French girl into the pool.
Steve **a poussé** la jeune Française dans la piscine.

Passive form:
Steve **was pushed** into the pool by a group of French boys.
Steve **a été poussé** dans la piscine par un groupe de jeunes Français.

● The imperative form of the verb is used to give instructions and orders and to make suggestions:

Listen!　　Écoutez!
Don't talk!　Ne parlez pas!
Let's go!　　Allons-y!

● A reflexive verb is a verb where the subject and object of the verb are the same person:

I **hurt myself**.　　　　　Je **me suis blessé(e)**
They **enjoyed themselves**.　Ils **se sont bien amusés**.

● The present participle is the part of the verb which ends in **-ing** in English and in **-ant** in French:

While **jogging** on the beach, he cut his foot.
En **faisant du footing** sur la plage, il s'est coupé le pied.

● The past participle is that part of the verb that is used mainly to make up the perfect tense:

This year I've **decided** to go to Brittany.　Cette année, j'ai **décidé** d'aller en Bretagne.

I've often **spent** my holidays in France.　J'ai souvent **passé** mes vacances en France.

It is also used to form other compound tenses such as the pluperfect.

They **had already booked** a room in a hotel.
Ils **avaient déjà réservé** une chambre dans un hôtel.

Adverbs

● An adverb is used mainly to tell us more about a verb, to indicate how an action is performed or when or where an action takes place:

Sometimes she plays very **well**.　Quelquefois elle joue très bien.

She runs **everywhere all the time**.　Elle court **tout le temps partout**.

Prepositions

● A preposition is a word used in combination with a noun or pronoun to indicate where an action takes place or when it takes place or to give us more information about the circumstances in which it takes place:

During the holidays, we went **to** the beach **with** them every day **until** lunchtime. **After** lunch, **in** the cafeteria **at** the campsite, we went **by** car to visit interesting places not too **far from** the resort.

Pendant les vacances, nous allions **à** la plage **avec** eux tous les jours **jusqu'à** midi. **Après** le déjeuner, **dans** la cafétéria du camping, nous allions **en** voiture visiter des lieux d'intérêt pas trop **loin de** la station.

J'espère qu'on arrivera bientôt!

Unit 1

Telling someone how to get somewhere

A Grenoble hotel manager explains to a visiting Belgian businessman how to get to the ski resort of l'Alpe-d'Huez.

M. Martens:	L'Alpe-d'Huez, c'est loin?	
Hôtelier:	Pas très loin. C'est à une soixantaine de	1.2; 1.9
	kilomètres d'ici, au sud-est de Grenoble.	1.1; 1.3
M. Martens:	Et on peut y aller en car?	
Hôtelier:	Mais oui, monsieur.	
M. Martens:	Et l'arrêt le plus proche, où est-il?	
Hôtelier:	Je ne sais pas exactement. Il vaudrait	
	peut-être mieux aller à la gare routière. Ce	1.1
	serait plus facile.	
M. Martens:	La gare routière, c'est loin d'ici?	
Hôtelier:	Allez jusqu'au carrefour. Aux feux,	1.1
	tournez à gauche, dans l'avenue Alsace-	
	Lorraine, et vous arriverez directement à	
	la gare routière. C'est à environ 100	1.1; 1.2
	mètres, près de l'église.	1.3
M. Martens:	Et pour aller à l'Alpe-d'Huez, on met	1.5; 1.1
	combien de temps?	
Hôtelier:	En voiture on y arrive en 45 minutes (en	1.8; 1.9
	trois quarts d' heure) mais, en prenant le	1.4
	car, vous y arriverez en une heure et	1.8
	demie.	
M. Martens:	Bon. Et la météo est bonne pour	
	aujourd'hui?	
Hôtelier:	Oui. Aujourd'hui il va faire beau partout	
	dans le sud-est de la France. Et l'Alpe-	
	d'Huez est une station très ensoleillée.	1.3; 1.6

Grenoble, c'est loin?

	C'est une excellente station. Il y a toujours de la neige. . . Vous êtes bon skieur, monsieur? Vous faites souvent du ski?	
M. Martens:	Pas vraiment. J'en fais de temps en temps.	1.7
	J'en ai fait en Suisse et en Autriche, mais	1.7; 1.6; 1.6
	jamais en France. J'en fais toutes les fois	1.6; 1.7
	que j'en ai l'occasion.	1.7
Hôtelier:	Excusez-moi, monsieur, mais il faut	
	penser à l'heure. Les cars, il y en a	1.1
	seulement deux ou trois le matin. Je crois	1.7
	qu'il y en a un à dix heures. Et il est déjà	1.7
	neuf heures et quart. Il part donc dans	1.8
	trois quarts d'heure.	
M. Martens:	Bon. Encore un peu de café. Puis en route pour la gare routière et pour l'Alpe-d'Huez . . .	

1.1   à + article + nouns

au sud-est   à la gare routière   au carrefour   aux feux
à l'Alpe-d'Huez   à l'heure

- Note that à can mean **in**, **to**, and **at**. Look at these examples:

  M. Martens passe quatre jours à Grenoble.
  M. Martens is spending four days in Grenoble.

  Il vaudrait peut-être mieux aller à **la** gare routière.
  It's probably best to go to the bus station.

  Aux feux, tournez à gauche.
  Turn left at the traffic lights.

  Allez jusqu'**au** carrefour.
  Go to the crossroads.

- Note that à changes form according to the article which follows; i.e. according to whether the noun is masculine or feminine, singular or plural, and whether it starts with a vowel. The rule is to use à in all cases except with **le** and **les**, when à + **le** becomes **au** and à + **les** becomes **aux**:

à + la	→	à la
à + l'	→	à l'
à + le	→	au
à + les	→	aux

Several tourists come into the tourist office in Grenoble: they want to know how to get to these places in town. Use **Pour aller. . .?** with the correct form of à, à la, à l', au, aux, to ask the way to each of these places:

1 la place Grenette
2 le parc Paul-Mistral
3 l'Hôtel de Ville
4 l'église Saint-André
5 le stade municipal
6 les magasins du centre
7 la vieille ville
8 l'université
9 les instituts de géographie alpine et de géologie
10 la patinoire

1.2   using à with distances

à une soixantaine de kilomètres d'ici   à environ 100 mètres

- When expressing distances the patterns in English and French are different. Look at these examples:

L'Alpe-d'Huez est **à 627 kilomètres de** Paris.
L'Alpe-d'Huez is 627 kilometres from Paris.

La gare est à Grenoble, **à 60 kilomètres de** l'Alpe-d'Huez.
The station is in Grenoble, 60 kilometres from l'Alpe-d'Huez.

Chamrousse est **à une demi-heure de** Grenoble en voiture.
Chamrousse is half an hour by car from Grenoble.

La patinoire? C'est **à 100 mètres**, à côté de la piscine.
The ice rink? It's 100 metres away, next to the swimming pool.

- The patterns are therefore as follows:

French: à + distance/time   (à 100 mètres)
English: distance/time + away   (100 metres away)

French: à + distance/time + de + place (à 627 kilomètres de Paris)
English: distance/time + from + place   (627 kilometres from Paris)

 Translate these sentences into French.

1 The station? It's 200 metres from the hotel.
2 The swimming pool? It's 50 metres from here, next to the ice rink.
3 Huez? It's a small village, about 4 kilometres from l'Alpe-d'Huez.
4 The hotel *Le Christina*? It's five minutes from here.

■ ■

1.3   de + article + nouns
de Grenoble   près de l'église   le sud-est de la France

- Look at the following examples:

  près **de** Grenoble
  near Grenoble

  près **de la** piscine
  near the swimming pool

  près **de l'**église
  near the church

  près **du** centre-ville
  near the town centre

  près **des** hôtels
  near the hotels

- Note that **de** changes form according to the article which follows, i.e. according to whether the noun is masculine or feminine, singular or plural, and whether it starts with a vowel. The rule is to use **de** in all cases except with **le** and **les** when **de** + **le** becomes **du** and **de** + **les** becomes **des**:

de + la   → de la
de + l'   → de l'
de + le   → du
de + les → des

⌐   The guide in the tourist office at l'Alpe-d'Huez explains where places are by indicating what major building they are near. Use **C'est tout près de. . .** with each of these nouns.

1 la patinoire   6 l'école de ski
2 l'héliport   7 le téléphérique
3 la piscine   8 les remonte-pentes
4 le syndicat d'initiative   9 l'arrêt de car
5 les équipements sportifs   10 les magasins

1.4 en + present participle

en prenant le car

- Look at these examples showing how **en** +**present participle** are used to convey the idea of **by doing something:**

  En prenant le car de huit heures, on peut être là-haut à neuf heures.
  By catching the eight o'clock coach, you can be up there by nine o'clock.

  En arrivant là-bas assez tôt, on peut faire du ski toute la matinée et tout l'après-midi.
  By arriving there fairly early, you can ski all morning and all afternoon.

- The **present participle** is the form of the verb ending in **-ant** and is often used after **en**. It is derived from the nous form of the present tense – simply remove the **-ons** ending and add **-ant.** For example:

  regarder → nous regardons → regardant
  faire → nous faisons → faisant

  (If you are not sure of the nous forms, see pages 37–8.)

- There are only three exceptions:

être	→ étant
avoir	→ ayant
savoir	→ sachant

A Rephrase these sentences about getting the most out of a ski trip, by replacing the underlined sections with **en** + **present participle.**

1 Si on fait du ski tous les jours, on fait rapidement des progrès.
2 Si on choisit un bon moniteur, on est sûr d'apprendre plus rapidement.
3 Si on se met en forme avant, on est plus souple.
4 Si on commence à faire du ski à dix heures du matin, on peut faire six heures de ski par jour.
5 Si on achète un forfait-skieur, on paie beaucoup moins cher.
6 Si on va à 3 000 mètres, on est sûr de trouver de la bonne neige.
7 Si on partage un chalet avec un groupe, on a l'occasion de se faire des amis.
8 Si on prend un repas rapide à midi, on peut faire du ski presque toute la journée.

■■■■■■■■■■■■■■■■■■■■■■

- **En** + **present participle** is also used to convey the idea of **on doing something** or **when you do something**:

  En arrivant au carrefour, vous devez tourner à gauche.
  On reaching/When you reach the junction, you must turn left.

B The hotel manager is telling M. Martens how to get to the coach station in Grenoble and finally to the ski-hire shop in l'Alpe-d'Huez. Rephrase what he says by replacing the underlined phrases with **en** + **present participle.**

1 Quand vous sortirez de l'hôtel, tournez à droite.
2 Quand vous arriverez au bout de l'avenue Alsace-Lorraine, vous verrez la gare à droite.
3 Allez un peu plus loin et vous vous trouverez devant la gare routière.
4 Quand vous achèterez votre billet, n'oubliez pas de demander un aller-retour.
5 Quand vous descendrez du car à l'Alpe-d'Huez, prenez la route du Signal.
6 Quand vous verrez le téléphérique, vous trouverez le magasin de M. Loup à droite.

■■■■■■■■■■■■■■■■■■■■■■

- **En + present participle** also conveys the idea of **while doing something**:

  Il a eu un accident **en descendant** de Chamrousse.
  He had an accident while driving down from Chamrousse.

C You're telling a fellow skier what happened to you at breakfast in the hotel before you set off. Rephrase your account by replacing the underlined phrases with **en + present participle.**

1 <u>Pendant que je prenais</u> mon petit déjeuner, j'ai parlé de ski à l'hôtelier.
2 Son fils s'est cassé le poignet <u>quand il faisait</u> du ski aux Deux-Alpes l'année dernière.
3 <u>Pendant que j'attendais</u> mon café, j'ai regardé un plan des pistes de l'Alpe-d'Huez.
4 <u>Comme je finissais</u> mon petit déjeuner, j'ai senti que le patron était de plus en plus inquiet.
5 <u>Comme je partais</u>, je l'ai entendu dire à sa femme: «Il va manquer le car, celui-là.»

1.5   prepositions + infinitive
pour aller

- **En + present participle** is similar to **on doing, while doing, by doing** (for example, en faisant du ski = while skiing), but it is important to note that very often the English present participle (for example, doing, going, seeing, buying etc.) **cannot** be translated by the present participle in French. Look at these examples:

  Il est arrivé à l'Alpe-d'Huez **sans changer** de car.
  He got to l'Alpe-d'Huez without changing buses.

  Avant de quitter la gare routière, il a vérifié les horaires.
  Before leaving the coach station, he checked the times.

  Il n'a pas eu de **peine à descendre** une piste rouge et finalement il a réussi **à descendre** une piste noire sans incident.
  He had no difficulty in going down a red run and finally he succeeded in skiing down a black run safely.

Au lieu de retourner à Grenoble à cinq heures, il a décidé **de prendre** le dernier car. Il a arrêté **de skier** à six heures.
Instead of returning to Grenoble at five, he decided to catch the last bus. He stopped skiing at six o'clock.

- Note that, with the exception of **en**, prepositions in French are followed by the **infinitive**, for example:

  sans (without)
  pour (for/in order to)
  par – with verbs like **commencer par** and **finir par**
  à – with verbs like **commencer à, réussir à**
  de – with verbs like **arrêter de**, and phrases that contain **de** such as:

  en train de faire (in the middle of doing)
  sur le point de faire (on the verge of doing)
  au lieu de faire (instead of doing)
  afin de faire (in order to do)
  avant de faire (before doing)

A Use the correct form of the verb (present participle or infinitive) to complete this account of M. Martens' day at l'Alpe-d'Huez.

Sans (ÉCOUTER[1]) les conseils de l'hôtelier, il est sorti en (COURIR[2]) de l'hôtel. Au lieu d'(ALLER[3]) à la gare routière, il a cherché l'arrêt le plus proche dans l'espoir de (PRENDRE[4]) le car sans (DEVOIR[5]) aller jusqu'à la gare routière. Il a réussi à (TROUVER[6]) le bon arrêt. En (VOIR[7]) le car, il a levé le bras mais le car est passé sans même (RALENTIR[8]). Heureusement, un deuxième car est arrivé et il a fini par y (TROUVER[9]) une place. Il a réussi à (ARRIVER[10]) à l'Alpe-d'Huez en une heure et quart sans (CHANGER[11]) de car.
    En (ARRIVER[12]), il a commencé par (CHERCHER[13]) la boutique de M. Loup afin d'y (LOUER[14]) des skis. Pour (S'ÉCHAUFFER[15]), il a commencé par (DESCENDRE[16]) plusieurs pistes bleues. Finalement, il a réussi à (DESCENDRE[17]) une piste noire sans difficulté.

B Now translate the above passage into English.
■ ■

1.6   countries

le sud-est de la France   en Suisse   en Autriche   en France

---

- Remember that **to** (a country) and **in** (a country) are always expressed in the same way in French.
  With **feminine** names of countries use **en:**

  J'ai fait du ski **en** France, **en** Autriche et **en** Suisse.
  I've skied in France, in Austria and in Switzerland.

  L'année dernière, je suis allé **en** Autriche.
  Last year I went to Austria.

  Note that **en** is also used with masculine names of countries beginning with a vowel, for example
  en Iran, **en** Irak, **en** Afghanistan:

  With **masculine** names of countries use **au:**

  Au Canada, le ski de fond est très répandu.
  In Canada cross-country skiing is very popular.

  J'espère aller **au** Canada l'hiver prochain.
  I'm hoping to go to Canada next winter.

  With **plural** names of countries use **aux:**

  Aux États-Unis, le ski est un sport extrêmement à la mode.
  In the United States skiing is a very popular sport.

  Beaucoup de skieurs sont allés **aux** États-Unis cette année pour profiter de la neige abondante.
  Many skiers went to the States this year to take advantage of the heavy snowfall.

- The rules for **from** (a country) follow a similar pattern with **de:**

Elle vient **de** France.	She comes from France.
Ils viennent **du** Canada.	They come from Canada.
Il vient **des** États-Unis.	He comes from the States.

A Complete the text below, using **en, au, aux**, as appropriate. You will need to know the genders of these countries and continents:

masculine: le Portugal, le Canada, le Mexique, le Brésil, le Pérou
feminine: la Belgique, la France, l'Allemagne, l'Espagne, l'Amérique du Sud
plural: les Pays-Bas, les États-Unis

M. Martens habite à Anvers, _____¹ Belgique mais il voyage beaucoup: _____² Pays-Bas, _____³ France, _____⁴ Allemagne, _____⁵ Espagne, _____⁶ Portugal, même _____⁷ Canada et _____⁸ États-Unis. De temps en temps, il va _____⁹ Amérique du Sud, surtout _____¹⁰ Mexique, _____¹¹ Brésil et _____¹² Pérou.

B Complete the text below, using **de, du** or **des**, as appropriate. You will need to know the genders of these countries, as well as those noted above:
masculine: le Chili   feminine: l'Argentine

Le fils de M. Martens vient de rentrer _____¹ Amérique du Sud où il a passé six mois. Il a envoyé une seule lettre à ses parents, _____² Chili pour leur demander de l'argent. Il a beaucoup voyagé: _____³ États-Unis au Mexique, _____⁴ Mexique au Brésil, _____⁵ Brésil en Argentine, _____⁶ Argentine au Chili, _____⁷ Chili aux États-Unis, et _____⁸ États-Unis en Belgique.

■ ■

● The rule with **de** also applies after the superlative:

On dit que c'est la station **la plus ensoleillée de France.**
They say it's the sunniest ski resort in France.

C'est la station **la plus populaire du Canada.**
It's the most popular ski resort in Canada.

C'est **la meilleure station des États-Unis.**
It's the best ski resort in the States.

L'Alpe-d'Huez est dans le sud-est de la France.

- It is important to remember that the full form (for example **la France**) must be used except when translating **from a country** (de France) or when used **after a superlative** (de France). Look at these examples:

  . . . dans le sud-est de **la France.**
  . . . in the south-east of France.

  . . . l'avenir de **la France** comme centre mondial du ski.
  . . . the future of France as a world-wide ski centre.

  . . . la popularité de **la France** auprès des skieurs étrangers.
  . . . the popularity of France with foreign skiers.

C Use either **France** or **la France** to complete these sentences about skiing in France.

En _____[1], le ski est un sport très répandu. Le caractère montagneux de plusieurs régions de _____[2] se prête facilement à de telles activités mais c'est surtout dans le sud-est de _____[3] que les grandes stations se sont développées. C'est la meilleure région de _____[4] pour les sports d'hiver. Les stations les plus célèbres de _____[5] sont Val-d'Isère, Courchevel, Avoriaz et La Plagne. Si on veut aller en _____[6] faire du ski, _____[7] vous offre un choix énorme de stations; de l'Alpe-d'Huez, la station la plus ensoleillée de _____[8] aux vieux villages savoyards qui rappellent toujours _____[9] du dix-neuvième siècle. Beaucoup de skieurs étrangers vont en _____[10] à Noël et à Pâques.

- Note that English and French patterns are similar when referring to countries and the points of the compass. Look at these examples:

L'Alpe-d'Huez est **dans le sud-est de** la France.
L'Alpe-d'Huez is in the south-east of France.

L'Alpe-d'Huez est **au sud-est de** Grenoble.
L'Alpe-d'Huez is to the south-east of Grenoble.

D Translate these sentences into French.

1 Dunkirk is in the north of France.
2 Dunkirk is to the east of Calais.
3 La Chartreuse is to the north of Grenoble.
4 Versailles is to the west of Paris.
5 Bordeaux is in south-western France.

1.7　the pronoun en
j'en fais　　j'en ai fait　　j'en ai　　il y en a seulement deux ou trois　　il y en a un

---

- The pronoun **en** can mean **of it**, **of them**, **some**, or **any**. Look at these examples and note how **en** is used to replace **du**, **de la**, **de l'**, **des** or **de** as well as the noun:

  - Tu as fait **du ski**?
  - Have you done any skiing?
  - J'**en** ai fait l'année dernière, et je vais aussi **en** faire cet hiver.
  - I did some last year, and I'm going to do some this winter too.

  - Tu fais beaucoup **de sport**?
  - Do you do much sport?
  - Pas maintenant. J'**en** faisais beaucoup quand j'étais au collège.
  - Not now. I used to do a lot of it when I was at school.

  - Tu as assez **d'argent** pour le déjeuner?
  - Do you have enough money for lunch?
  - Non, je n'**en** ai pas. J'ai laissé mon portefeuille au chalet.
  - No, I don't have any. I left my wallet in the chalet.

- Note also how **en** can be used with a number or expression of quantity:

  - Il y a deux pistes noires à l'Alpe-d'Huez?
  - Are there two black runs at l'Alpe-d'Huez?
  - Non, il y **en** a quatre.
  - No, there are four (of them).

  - Il y a des cars toute la journée?
  - Are there coaches all day?
  - Non, il y **en** a trois le matin et trois le soir.
  - No, there are three (of them) in the morning and three in the evening.

- Note that the idea **of them** must be expressed in French. Il y a trois le matin et trois le soir without **en** would be incorrect.

The hotel manager shows great interest in M. Martens' experience of skiing and in how he's going to cope at l'Alpe-d'Huez. Add the necessary pronoun **en** in M. Martens' answers.

1 – Il y a des pistes artificielles en Belgique?
  – Oui, il y a trois ou quatre.
2 – Vous avez déjà fait du ski à l'étranger?
  – Oui, j'ai fait en Suisse et en Autriche.
3 – Les Belges aiment faire du ski?
  – Il y a qui adorent le ski.
4 – Vous avez des skis?
  – Non, je n'ai pas. Je vais louer à l'Alpe-d'Huez.
5 – Vous aurez besoin de crème solaire?
  – Je vais acheter là-haut.
6 – Vous voulez emprunter une carte de la région?
  – Non merci, j'ai une dans ma chambre.

Vous voulez emprunter une carte de la région?

1.8 en and dans in expressions of time

en 45 minutes   en trois quarts d'heure   en une heure et
demie   dans un quart d'heure

- Look at these examples showing how **en** and **dans** can both mean **in**:

Il a appris à faire du ski **en** trois jours.
He learned to ski in three days.

Vous y arriverez **en** une heure et demie.
You will get there in an hour and a half.

Le car partira **dans** 10 minutes.
The coach will leave in 10 minutes.

Le télésiège fermera **dans** un quart d'heure.
The ski lift will close in a quarter of an hour.

En is used to convey the idea of 'time taken to do something'. **Dans** is used to convey the idea of 'in 10 minutes from now' or 'in a quarter of an hour's time'.

Use **en** or **dans** as appropriate to complete these snatches of conversation overheard at the ski resort.

1 J'ai fait beaucoup de progrès _____ trois jours.
2 La station va fermer _____ huit jours.
3 En montagne, le temps peut changer complètement _____ quelques heures.
4 Vous pourrez essayer une piste rouge _____ un jour ou deux.
5 Elle a descendu cette piste _____ trois minutes.
6 _____ deux ou trois jours la station va être presque déserte.
7 Les coureurs du Tour de France montent à l'Alpe-d'Huez _____ 45 minutes.
8 Il a été transporté à l'hôpital _____ une demi-heure.

1.9   numbers
une soixantaine de kilomètres   cent mètres   45 minutes

- You probably already know that **une douzaine** means **a dozen** and that **une quinzaine de jours** means **a fortnight** (about 15 days). The suffix **-aine** can be added to most numbers to convey the idea of **about**. Look at these examples:

une vingtaine	about 20
une trentaine	about 30
une quarantaine	about 40
une centaine	about 100

   Note that **un millier** is **about a thousand.**

- All these words, as well as words like **un million (a million)** and **un milliard (a thousand million)** are nouns and must be followed by **de**:

une dizaine **d'**années	about 10 years
une centaine **de** personnes	about 100 people
un million **de** francs	a million francs

- On the other hand, **cent** and **mille** are numbers and don't need **de**:

cent francs	100 francs
trois mille spectateurs	3 000 spectateurs

- Note how to say **hundreds of, thousands of**:

des centaines de policiers	hundreds of policemen
des milliers de manifestants	thousands of demonstrators

- Remember that **more than** and **less than** with numbers is **plus de** and **moins de** (rather than **plus que** and **moins que**):

   Il y a **plus de 20** grandes stations de ski dans cette région.
   There are more than 20 major ski resorts in this area.

   Les remonte-pentes étaient à **moins de 100** mètres de l'hôtel.
   The ski lifts were less than 100 metres from the hotel.

Complete this text about French ski resorts, by adding **de**, **d'**, **des** or nothing.

On compte plus_____¹ cent_____² stations de ski dans les Alpes françaises. Autour de Grenoble il y a une dizaine _____³ stations où l'hiver _____⁴ milliers _____⁵ Français font du ski tous les week-ends. Une vingtaine_____⁶ stations françaises ont une renommée internationale et attirent _____⁷ milliers _____⁸ skieurs étrangers tous les ans. Ils y dépensent _____⁹ millions _____¹⁰ francs puisque chacun y dépense au moins deux mille _____¹¹ francs par semaine. Le tourisme français en bénéficie beaucoup, d'autant plus que moins _____¹² dix pour cent des Français partent faire du ski à l'étranger.

■ ■

Unit 2

Comparing the present and the past

A retired farm-worker, M. Ducellier, describes how the influx of commuters has changed life in Verneuil-sur-Seine.

. . . La vie a beaucoup changé depuis la guerre – et pas pour le mieux. Naturellement, le travail était très dur   2.2
parce que presque tous les villageois travaillaient la terre.   2.2
On commençait très tôt le matin et souvent on ne rentrait   2.2; 2.4; 2.2
pas pour déjeuner. À midi, on mangeait dans les   2.2
champs. Le soir, on était vraiment fatigué. Alors on ne   2.4; 2.2; 2.2
sortait pas beaucoup. Le samedi soir, on allait au bal de   2.4; 2.2

La vie a beaucoup changé!

temps en temps. Le dimanche, on mettait ses plus beaux   2.4; 2.2
vêtements pour aller à l'église. Après, c'était le café. Mais   2.2
le soir, généralement, on restait en famille: on parlait des   2.2; 2.2
incidents de la journée, on échangeait des impressions et   2.2
des histoires. Tout le monde se connaissait et on avait le   2.2; 2.7; 2.2
temps de bavarder et d'être sociable.

Je ne crois pas que la vie d'aujourd'hui soit aussi   2.1
agréable qu'autrefois. Le village est devenu une petite   2.5
ville. Ce ne sont plus les mêmes familles qu'autrefois.   2.1; 2.5
Beaucoup d'étrangers viennent s'installer ici. Ils font   2.1; 2.1
construire des maisons un peu partout et ils détruisent   2.1
peu à peu la campagne. . . Tous les jours, ils partent   2.1
travailler à Paris. Ils prennent le même train. Et le week-   2.1; 2.4
end, ils ne font pas grand-chose: ils veulent simplement   2.1; 2.1
se reposer. Naturellement, ils doivent aller faire les   2.1
courses au supermarché. Ils vont partout en voiture et ils   2.1
conduisent trop vite. Même s'ils vous voient en ville, ils   2.1; 2.1
ne vous disent pas bonjour. Le reste du week-end, ils   2.1
s'enferment dans leurs petits pavillons et on ne les voit   2.1; 2.7; 2.1
plus. Ils ne savent pas s'adapter à la vie rurale. Comme la   2.1; 2.3
vie a changé!

2.1 the present tense

je ne crois pas ce ne sont plus beaucoup d'étrangers
viennent ils font ils détruisent ils partent
ils prennent ils ne font pas ils veulent ils doivent
ils vont ils conduisent ils vous voient
ils ne vous disent pas ils s'enferment on ne les voit plus
ils ne savent pas

- The present tense is used to talk about:
  i. what is going on at the moment
  ii. what people habitually do or what is generally true.

  – Que **fait** Julien?
  – What's Julian doing?
  – Il **fait** ses devoirs dans sa chambre.
  – He's doing his homework in his room.

  De plus en plus de Français **passent** leurs vacances à l'étranger.
  More and more French people spend (or are spending) their
  holidays abroad.

- Remember that the two English versions (spend/are spending) are
  expressed by one form only in French: **ils passent**.

- Never use the verb être to translate **they are spending, they are
  living**; you just need the present tense of the correct verb: **ils
  passent, ils habitent.**

- Here are the three major conjugations, showing the forms of the
  present tense for regular verbs:

– **er** verbs (like regard**er**)	– **ir** verbs (like fin**ir**)	– **re** verbs (like vend**re**)
je regard**e**	je fin**is**	je vend**s**
tu regard**es**	tu fin**is**	tu vend**s**
il/elle/on regard**e**	il/elle/on fin**it**	il/elle/on vend
nous regard**ons**	nous fin**issons**	nous vend**ons**
vous regard**ez**	vous fin**issez**	vous vend**ez**
ils/elles regard**ent**	ils/elles fin**issent**	ils/elles vend**ent**

- There are a number of -er verbs which have small spelling changes in the present tense. One of them is **espérer:**

j'espère	il/elle/on espère	vous espérez
tu espères	nous espérons	ils/elles espèrent

The rule is that the é used in the infinitive spelling (espérer) is used when the ending is pronounced (espérer, nous espérons, vous espérez) and that è is used when the ending is silent (j'espère, il/elle espère, tu espères, ils/elles espèrent).

Other important verbs like **espérer** are:

préférer	protéger	suggérer
répéter	refléter	céder
posséder	considérer	s'inquiéter
exagérer	sécher	

- Verbs like **acheter** follow a slightly different pattern:

j'achète
tu achètes
il/elle/on achète
nous achetons
vous achetez
ils/elles achètent

The infinitive spelling (acheter) is used if the ending is pronounced (nous achetons, vous achetez) and è is used when the ending is silent (j'achète, tu achètes, il/elle achète, ils/elles achètent).

Other important verbs which follow this pattern are:

mener	soulever
amener	crever
emmener	peser
(se) promener	geler
(se) lever	

- Other verbs have the infinitive spelling if the ending is sounded but double the consonant if there is a silent ending. Look at **s'appeler** as an example:

je m'appelle
tu t'appelles
il/elle/on s'appelle
nous nous appelons
vous vous appelez
ils/elles s'appellent

Other verbs which follow this pattern are:

se rappeler
renouveler
jeter
rejeter
projeter

- Verbs ending in **-yer** only keep the **y** in the nous and vous forms. Look at **payer** as an example:

je paie
tu paies
il/elle/on paie
nous payons
vous payez
ils/elles paient

Other important verbs which follow this pattern are:

employer
essayer
nettoyer
appuyer
s'ennuyer

- Many important verbs are irregular. A useful point to remember is that the **je** and **tu** forms of all irregular verbs end in **-s** (except for j'**ai**, je **veux**, tu **veux**, je **peux**, tu **peux**, j'**offre** and verbs like it listed on page 33). Similarly, **il/elle/on** forms of irregular verbs end in **-t** (except for il/elle/on **va**, il/elle/on **a**, il/elle/on **prend**).

- The following table shows the most common irregular verbs:

infinitive	present tense		similar verbs
aller to go	je vais tu vas il/elle/on va	nous allons vous allez ils/elles vont	
avoir to have	j'ai tu as il/elle/on a	nous avons vous avez ils/elles ont	
battre to beat	je bats tu bats il/elle/on bat	nous battons vous battez ils/elles battent	combattre, débattre
boire to drink	je bois tu bois il/elle/on boit	nous buvons vous buvez ils/elles boivent	
conduire to drive	je conduis tu conduis il/elle/on conduit	nous conduisons vous conduisez ils/elles conduisent	verbs ending in -uire: produire, introduire, construire, détruire, traduire, réduire
connaître to know	je connais tu connais il/elle/on connaît	nous connaissons vous connaissez ils/elles connaissent	reconnaître, (ap)paraître, disparaître
courir to run	je cours tu cours il/elle/on court	nous courons vous courez ils/elles courent	

infinitive	present tense		similar verbs
craindre to fear	je crains tu crains il/elle/on craint	nous craignons vous craignez ils/elles craignent	verbs ending in -aindre, -eindre, -oindre: se plaindre, contraindre, peindre, atteindre, éteindre, restreindre, (re)joindre
croire to believe	je crois tu crois il/elle/on croit	nous croyons vous croyez ils/elles croient	
devoir to have to	je dois tu dois il/elle/on doit	nous devons vous devez ils/elles doivent	recevoir, apercevoir
dire to say	je dis tu dis il/elle/on dit	nous disons vous dites ils/elles disent	prédire, interdire, contredire
écrire to write	j'écris tu écris il/elle/on écrit	nous écrivons vous écrivez ils/elles écrivent	décrire
être to be	je suis tu es il/elle/on est	nous sommes vous êtes ils/elles sont	
faire to do, to make	je fais tu fais il/elle/on fait	nous faisons vous faites ils/elles font	défaire, satisfaire
lire to read	je lis tu lis il/elle/on lit	nous lisons vous lisez ils/elles lisent	élire

infinitive	present tense		similar verbs
mettre to put	je mets tu mets il/elle/on met	nous mettons vous mettez ils/elles mettent	permettre, promettre, admettre, commettre
mourir to die	je meurs tu meurs il/elle/on meurt	nous mourons vous mourez ils/elles meurent	
offrir to offer	j'offre tu offres il/elle/on offre	nous offrons vous offrez ils/elles offrent	ouvrir, découvrir, couvrir, souffrir
partir to leave	je pars tu pars il/elle/on part	nous partons vous partez ils/elles partent	sortir, dormir, servir, sentir, mentir
pouvoir to be able to	je peux tu peux il/elle/on peut	nous pouvons vous pouvez ils/elles peuvent	
prendre to take	je prends tu prends il/elle/on prend	nous prenons vous prenez ils/elles prennent	apprendre, comprendre, entreprendre
recevoir to receive	je reçois tu reçois il/elle/on reçoit	nous recevons vous recevez ils/elles reçoivent	
rire to laugh	je ris tu ris il/elle/on rit	nous rions vous riez ils/elles rient	sourire

infinitive	present tense		similar verbs
savoir to know	je sais tu sais il/elle/on sait	nous savons vous savez ils/elles savent	
suivre to follow	je suis tu suis il/elle/on suit	nous suivons vous suivez ils/elles suivent	poursuivre
venir to come	je viens tu viens il/elle/on vient	nous venons vous venez ils/elles viennent	revenir, devenir, convenir, tenir, contenir, appartenir, maintenir, etc.
vivre to live	je vis tu vis il/elle/on vit	nous vivons vous vivez ils/elles vivent	survivre
voir to see	je vois tu vois il/elle/on voit	nous voyons vous voyez ils/elles voient	revoir, prévoir, entrevoir, etc.
vouloir to want	je veux tu veux il/elle/on veut	nous voulons vous voulez ils/elles veulent	

Je dors de temps en temps.

A Learn the **je** and **vous** forms of the irregular verbs listed above. Then, without consulting the list, complete this dialogue by putting the verb in brackets into the present tense.

A reporter from the local newspaper is interviewing older people to see how they are adapting to the changes in Verneuil.

– Alors, M. Ducellier, vous (SAVOIR[1]) conduire?
– Moi? Mais non, je ne (SAVOIR[2]) pas conduire. Mais je (ALLER[3]) au café de temps en temps à vélo!
– Que (FAIRE[4])-vous au café?
– Je (LIRE[5]) le journal, je (FAIRE[6]) une partie de cartes avec un groupe d'amis que je (CONNAÎTRE[7]) depuis longtemps. Je leur (OFFRIR[8]) un verre de temps en temps. . .
– Que (BOIRE[9])-vous généralement?
– Moi? Je (BOIRE[10]) du vin rouge et quelquefois du cognac.
– Et vous (VOIR[11]) souvent vos amis?
– Je les (VOIR[12]) deux ou trois fois par semaine. Je ne (SORTIR[13]) pas beaucoup maintenant. Je ne (POUVOIR[14]) pas toujours faire l'effort nécessaire.
– Mais vous (VIVRE[15]) seul?
– Oui, je (VIVRE[16]) seul depuis la mort de ma femme. Je (DEVOIR[17]) m'occuper un peu de la maison. En fait, je ne (VOULOIR[18]) pas sortir plus souvent. J'(AVOIR[19]) la télévision. Je la (METTRE[20]) vers six heures. J'(APPRENDRE[21]) toutes sortes de choses intéressantes – et je (DORMIR[22]) de temps en temps! Je (CROIRE[23]) que je (VIVRE[24]) bien!

■ ■

● Note in particular the **ils/elles** forms.
  i. regular verbs follow these patterns:
    -er verbs, for example:
    pass**er** to spend → ils/elles pass**ent**
    -ir verbs, for example:
    fin**ir** to finish → ils/elles fin**issent**
    -re verbs, for example:
    vend**re** to sell → ils/elles vend**ent**

ii. note these important irregular verbs:

aller	to go	→	ils/elles vont
avoir	to have	→	ils/elles ont
boire	to drink	→	ils/elles boivent
conduire	to drive	→	ils/elles conduisent
connaître	to know	→	ils/elles connaissent
courir	to run	→	ils/elles courent
craindre	to fear	→	ils/elles craignent
croire	to believe	→	ils/elles croient
devoir	to have to	→	ils/elles doivent
dire	to say	→	ils/elles disent
écrire	to write	→	ils/elles écrivent
être	to be	→	ils/elles sont
faire	to do/make	→	ils/elles font
lire	to read	→	ils/elles lisent
mettre	to put	→	ils/elles mettent
mourir	to die	→	ils/elles meurent
offrir	to offer	→	ils/elles offrent
partir	to leave	→	ils/elles partent
pouvoir	to be able to	→	ils/elles peuvent
prendre	to take	→	ils/elles prennent
recevoir	to receive	→	ils/elles reçoivent
savoir	to know	→	ils/elles savent
sortir	to go out	→	ils/elles sortent
venir	to come	→	ils/elles viennent
voir	to see	→	ils/elles voient
vouloir	to want to	→	ils/elles veulent

B Put the verbs in brackets into the present tense to complete the description of what life is like for commuters in Verneuil.

Beaucoup de banlieusards ne (FAIRE[1]) rien le week-end. Ils (VOULOIR[2]) simplement se reposer. Ils ne (PRENDRE[3]) pas la peine de communiquer avec leurs voisins: le soir ils n'(AVOIR[4]) pas le temps de parler aux voisins et le week-end ils (ÊTRE[5]) trop fatigués pour établir le contact. Ils ne (POUVOIR[6]) pas faire l'effort nécessaire pour se faire des amis. Souvent les gens ne

(CONNAÎTRE[7]) pas leurs voisins. Ils ne (VOIR[8]) pas souvent leurs voisins, parce qu'ils (ALLER[9]) partout en voiture. Ils (CONDUIRE[10]) presque tous trop vite. Ils (VENIR[11]) à la campagne pour éviter la promiscuité des grands ensembles. Ils (DEVOIR[12]) essayer de s'adapter à la vie rurale mais beaucoup d'entre eux ne (SAVOIR[13]) pas jardiner, par exemple.

- The **nous** forms of the present tense are especially important as they also form the basis of the imperfect tense (see page 39).

  i. regular verbs follow these patterns:

    -er verbs, for example:
    passer   to spend   →   nous pass**ons**

    -ir verbs, for example:
    finir   to finish   →   nous fin**issons**

    -re verbs, for example:
    attendre   to wait   →   nous atten**dons**

    -ger verbs, for example:
    manger   to eat   →   nous man**geons**

    -cer verbs, for example:
    commencer   to start   →   nous commen**çons**

Ils conduisent presque tous trop vite!

ii. note these important irregular verbs:

avoir	to have	→	nous avons
boire	to drink	→	nous buvons
conduire	to drive	→	nous conduisons
connaître	to know	→	nous connaissons
courir	to run	→	nous courons
craindre	to fear	→	nous craignons
croire	to believe	→	nous croyons
devoir	to have to	→	nous devons
dire	to say	→	nous disons
dormir	to sleep	→	nous dormons
écrire	to write	→	nous écrivons
être	to be	→	nous sommes
faire	to do/make	→	nous faisons
lire	to read	→	nous lisons
offrir	to offer	→	nous offrons
partir	to leave	→	nous partons
pouvoir	to be able to	→	nous pouvons
prendre	to take	→	nous prenons
recevoir	to receive	→	nous recevons
savoir	to know	→	nous savons
sortir	to go out	→	nous sortons
venir	to come	→	nous venons
vouloir	to want to	→	nous voulons

C Put the verb in brackets into the present tense to complete what the newcomers have to say about their life in the suburbs.

Nous (AIMER[1]) beaucoup notre petite ville. Nous (AVOIR[2]) un petit pavillon. Nous ne (SORTIR[3]) pas beaucoup le week-end – nous (FAIRE[4]) du jardinage ou du bricolage. Nous (LIRE[5]) aussi. Quelquefois, l'après-midi, nous (DORMIR[6]) un peu! Avant le dîner, nous (PRENDRE[7]) l'apéritif dans le jardin. S'il fait assez chaud, nous (MANGER[8]) aussi dans le jardin. Nous ne (CONNAÎTRE[9]) pas très bien nos voisins, mais nous (COMMENCER[10]) à parler avec eux. Nous leur (DIRE[11]) bonjour aussi souvent que possible.

2.2 the imperfect tense

le travail était   tous les villageois travaillaient
on commençait   on ne rentrait pas   on mangeait
on était   on ne sortait pas   on allait   on mettait
c'était   on restait   on parlait   on échangeait
tout le monde se connaissait   on avait

- The imperfect tense is used mainly to convey the idea of what was generally true in the past, what people used to do, what their lives were like.

- There is only one set of endings to learn for the imperfect tense. Here are the endings used with the verb **être**:

  j'**étais**   I was/used to be
  tu **étais**   you were/used to be
  il/elle/on **était**   he/she/one was/used to be
  nous ét**ions**   we were/used to be
  vous ét**iez**   you were/used to be
  ils/elles ét**aient**   they were/used to be

- Watch out especially for the three different spellings of the same sound:

  j'ét**ais**
  il/elle/on ét**ait**
  ils/elles ét**aient**

- In the imperfect tense, the stem of all verbs (except **être**) is derived from the **nous** form of the **present tense** (see pages 37–8). Here are some examples – the **-ons** ending is removed from the nous form of the present tense, then the appropriate imperfect ending is added:

  prendre   → nous **pren**ons   → je **pren**ais
  boire   → nous **buv**ons   → il **buv**ait
  manger   → nous **mange**ons   → elle **mange**ait
  commencer → nous **commenç**ons → on **commenç**ait

A Add the correct imperfect endings to the following verbs. The correct stem has already been supplied for you.

1 (FAIRE) Il fais_____
2 (CONDUIRE) Nous conduis_____
3 (PRENDRE) Ils pren_____
4 (FINIR) Je finiss_____
5 (JOUER) Nous jou_____
6 (LIRE) Elle lis_____
7 (TRAVAILLER) Elles travaill_____
8 (MANGER) Je mange_____

B Complete M. Ducellier's account of what life was like when Verneuil was still a farming community and when he used to work on the land. Put the verbs in brackets into the imperfect tense. Remember to check the stem carefully before you add the endings.

Je (TRAVAILLER[1]) très dur – je (COMMENCER[2]) à six heures du matin et je (FINIR[3]) à cinq heures du soir. À midi, j'(AVOIR[4]) une demi-heure de repos. D'habitude, je (MANGER[5]) dans les champs. Le soir, j'(ÊTRE[6]) très fatigué, et donc je ne (SORTIR[7]) pas très souvent. Quelquefois, je (LIRE[8]) un peu et de temps en temps je (PRENDRE[9]) un verre au café. Le dimanche, je ne (FAIRE[10]) pas grand-chose. Je (METTRE[11]) mon costume et j'(ALLER[12]) à l'église. Après la messe, je (BOIRE[13]) un apéritif. Je (CONNAÎTRE[14]) tout le monde et tout le monde me (DIRE[15]) bonjour.

■■■■■■■■■■■■■■■■■■■■■■■■

2.3	savoir or pouvoir?
ils ne savent pas	

- The verbs **savoir** and **pouvoir** can both be used to translate **can** in English. Look at this example:

Je **sais** nager, mais je ne **peux** pas nager en ce moment. J'ai un rhume.

Use **savoir** to translate 'to know how to do something' and **pouvoir** to translate 'to be able to do something because circumstances allow'.

◀ Use the correct form of **pouvoir** or **savoir**, as appropriate, to complete the gaps in this article about the way the new inhabitants of Verneuil are adapting to country life. (See pages 33–4 for the forms of savoir and pouvoir.)

Les banlieusards de Verneuil qui habitent à 30 kilomètres de Paris ne _____[1] pas facilement y aller le week-end. C'est trop loin. Mais on dit que beaucoup d'entre eux ne _____[2] pas non plus s'adapter à la vie rurale. Ils _____[3] bricoler un peu et ils _____[4] utiliser la tronçonneuse pour couper les arbres qu'ils trouvent sur leur terrain! En général, ils ne _____[5] pas jardiner. Ils ont de l'argent et ils _____[6] donc acheter des plantes mais ils ne _____[7] pas toujours s'en occuper. Alors qu'est-ce qu'ils _____[8] faire pour profiter de leur nouvel environnement? Ils _____[9] faire du footing et ils _____[10] aller à la pêche. S'ils ne _____[11] pas faire de la voile, ils _____[12] apprendre à en faire à la base de loisirs. S'ils _____[13] jouer au bridge, ils _____[14] s'inscrire au club local. En participant à toutes ces activités, ils _____[15] s'intégrer assez facilement à la vie sociale de leur nouvelle ville.

■■■■■■■■■■■■■■■■■■■■■■■■■■

2.4	how to translate in the morning, at the weekend, on Sundays			
le matin	le soir	le samedi	le dimanche	le week-end

- Phrases like **in the morning, in the evening, at the weekend, on Sundays** are usually expressed in French quite simply by **le matin, le soir, le week-end, le dimanche**. Other translations are of course possible, for example: tous les matins, chaque soir, les dimanches, but these are less commonly used.

Similarly, **in the summer** and **in the winter** can be expressed by l'été and l'hiver (as well as en été and en hiver).

● If a specific time is mentioned, then a different construction is used. Look at these examples:

Il commençait le travail à six heures **du matin.**
He used to begin work at six o'clock in the morning.

Il finissait le travail à cinq heures **de l'après-midi.**
He finished work at five o'clock in the afternoon.

⬎ Translate the phrases in brackets to complete this account of what M. Ducellier's daily routine was like when he worked on the land.

(IN THE MORNING[1]), M. Ducellier se levait très tôt. (IN THE SUMMER[2]), il se levait à cinq heures (IN THE MORNING[3]) et il travaillait jusqu'à neuf heures (IN THE EVENING[4]). (IN THE WINTER[5]), il finissait le travail vers cinq heures (IN THE EVENING[6]). (IN THE EVENINGS[7]), il sortait très peu. (AT THE WEEKEND[8]) ou plutôt (ON SUNDAYS[9]), parce qu'il travaillait (ON SATURDAYS[10]), il sortait un peu. (ON SATURDAY EVENINGS[11]), il allait quelquefois au bal et (ON SUNDAY MORNINGS[12]), il allait au café et il y restait jusqu'à trois heures (IN THE AFTERNOON[13]).

■■■■■■■■■■■■■■■■■■■■■■■■■■■■

2.5   aussi . . . que (as . . . as)
aussi agréable qu'autrefois

● When making comparisons in French, **aussi . . . que** is used to translate **as . . . as**. Look at these examples:

La Seine est **aussi belle que** par le passé.
The Seine is as beautiful as it was in the past.

Les paysages sont **aussi jolis que** par le passé.
The scenery is as pretty as it was in the past.

Le marché est **aussi animé qu'**il y a 30 ans.
The market is as busy as it was 30 years ago.

A Put the words in brackets into French, using **aussi . . . que** and the correct form of the following adjectives:

dense   tranquille   paisible

1 À huit heures et demie du matin, la circulation à Verneuil est (AS HEAVY AS) à Paris.
2 Plus tard, la ville est (AS QUIET AS) dans les années 50.
3 Le dimanche matin, les rives de la Seine sont (AS PEACEFUL AS) dans les années 20.

- Note that **plus . . . que** (more . . . than) and **moins . . . que** (less . . . than) follow the same pattern.

- Note that **aussi . . . que** can be shortened to **si . . . que** after a negative:

Le village n'est **pas si tranquille qu'**autrefois.
The village is not as quiet as it once was.

Les gens ne sont **pas si sociables qu'**autrefois.
People are not as friendly as they used to be.

La forêt n'est **pas si grande qu'**il y a 30 ans.
The forest is not as big as it was 30 years ago.

B Look at these two versions of the same idea.
i. La vie n'est pas si agréable que par le passé.
  Life is not as pleasant as . . .
ii. La vie est moins agréable que par le passé.
  Life is less pleasant than . . .

The following sentences follow the pattern in the second version. Rephrase them so that they are similar to the first version.

1 Le bal du samedi soir est moins fréquenté qu'autrefois.
2 Le travail à la ferme est moins dur qu'autrefois.
3 Le village est moins animé le dimanche.
4 Les sentiments de solidarité sont moins forts que par le passé.
5 Les jardins sont moins grands qu'autrefois.

2.6 le même . . . que (the same . . . as)

les mêmes familles qu'autrefois

- There are three forms of **the same as** in French, depending on whether the noun is masculine, feminine or plural. Look at these examples:

  À cette époque-là, on avait **le même** mode de vie **que** ses voisins.
  In those days you led the same kind of life as the neighbours.

  Le dimanche, on allait à **la même** église **que** les autres.
  On Sundays you went to the same church as the others.

  On connaissait **les mêmes** familles **que** les autres.
  You knew the same families as everyone else.

When M. Ducellier was young, life was much the same for everybody. Complete what he says by translating the section in brackets into French. Use the following vocabulary:

une école	une classe	le travail	les préoccupations

1 J'allais à (THE SAME SCHOOL AS) les autres.
2 J'étais dans (THE SAME CLASS AS) tous les autres.
3 Nos parents faisaient (THE SAME WORK AS) leurs voisins.
4 Ils avaient (THE SAME CONCERNS AS) les autres.

■■■■■■■■■■■■■■■■■■■■■■■■■

Ils s'entendaient très bien.

2.7 how to translate **each other**
Tout le monde se connaissait

- To convey the idea of **each other**, you often have to use a reflexive verb. With the third person plural (ils/elles forms) the reflexive pronoun used with the verb is **se**:

Tous les villageois **se** connaissaient.
All the people in the village knew each other.

Ils **se** donnaient un coup de main lors des gros travaux.
They gave each other a hand at busy times of the year.

- Note that in English you can sometimes omit **each other**, but that in French you always need the reflexive pronoun as well as the verb:

Ils **se** rencontraient au café.
They used to meet in the café.

A The village community was close-knit and friendly. Complete this text by translating the sections in brackets into French. You will need to use the following verbs in the imperfect tense (see page 39).

(se) retrouver	(se) dire bonjour	(se) serrer la main
(s') entendre	(s') entraider	(se) revoir
(se) parler	(se) réunir	

Autrefois les gens du village (MET[1]) plusieurs fois par jour. (THEY SAID HELLO AND SHOOK HANDS[2]). S'il y avait des problèmes, (THEY HELPED EACH OTHER OUT[3]). (THEY GOT ON[4]) très bien. Quand (THEY SAW EACH OTHER[5]) dans la rue, (THEY TALKED[6]) longuement, et le soir (THEY MET[7]) aussi souvent que possible.

B Now translate the whole passage into English.
■ ■

Unit 3

Expressing enthusiasm about something you've done

Mme Dupuy describes the relaxing and satisfying camping holiday she and her family had on the Atlantic coast of France this summer.

Mme Barre:	<u>Vous avez passé</u> de bonnes vacances cet été?	3.7; 3.8; 3.1
Mme Dupuy:	Oui, <u>nous nous sommes tous très bien amusés.</u>	3.7; 3.8; 3.5
Mme Barre:	<u>Vous êtes allés</u> où?	3.7; 3.8
Mme Dupuy:	<u>Nous sommes allés</u> sur la côte Atlantique, à une vingtaine de kilomètres des Sables-d'Olonne.	3.7; 3.8
Mme Barre:	Je ne connais pas cette côte. C'est bien, là-bas?	
Mme Dupuy:	C'est formidable! Il y a <u>de très belles plages</u> sablonneuses, <u>des plages magnifiques!</u> Moi, je crois que c'est <u>la plus belle</u> côte de France.	3.1 3.1 3.2
Mme Barre:	Et il y a <u>de bons équipements?</u>	3.1
Mme Dupuy:	Il y a <u>tous les équipements dont on pourrait avoir besoin.</u> Il y a <u>énormément de choses</u> à faire. <u>Les enfants se sont baignés, ils ont fait</u> de la planche à voile, du cheval. Ils ont fait <u>toutes sortes de</u> choses.	3.4; 3.5 3.6 3.7; 3.8 3.7; 3.8 3.5; 3.6
Mme Barre:	Vous étiez à l'hôtel?	
Mme Dupuy:	Non, <u>on a fait</u> du camping. Il y a <u>un certain nombre de grands hôtels</u> mais il y a surtout <u>beaucoup de campings</u> qui ne sont pas trop chers.	3.7; 3.8 3.6 3.4; 3.6

Comme on a bien mangé!

Mme Barre:	Moi, je trouve que les campings sont si bruyants et encombrés.	
Mme Dupuy:	Là-bas, <u>la plupart des campings</u> sont	3.6
	grands mais <u>tout est éparpillé</u> parmi les	3.5
	arbres. <u>On m'a dit</u> que c'est <u>le meilleur</u>	3.7; 3.8; 3.2
	<u>camping de la région</u>. Le soir et la nuit,	
	<u>tout était</u> très calme. Et <u>tout le monde était</u>	3.5; 3.8
	si sympathique. C'est ça que j'aime. <u>Tout</u>	3.5
	<u>le monde se parle</u>. On se retrouve <u>tout le</u>	3.5
	<u>temps,</u> au terrain de jeux, à la laverie.	
Mme Barre:	Mais <u>vous avez dû</u> préparer <u>tous les repas</u>	3.7; 3.8; 3.9
	vous-même?	
Mme Dupuy:	Au contraire, <u>j'ai préparé</u> très peu de repas.	3.7; 3.8; 3.6
	<u>Nous faisions</u> un pique-nique à midi et la	
	plupart du temps, <u>nous allions tous au</u>	3.6; 3.8; 3.5
	restaurant le soir. Là-bas, on trouve <u>les</u>	
	<u>meilleurs fruits de mer</u> de France. <u>Comme</u>	3.2
	<u>on a bien mangé!</u> Ce sont <u>les meilleures</u>	3.7; 3.8
	<u>vacances que j'aie jamais passées!</u>	3.2; 3.3; 3.4

> ### 3.1   des or de?
>
> **de bonnes vacances   de très belles plages**
> **des plages magnifiques   de bons équipements**

- Look at these two examples from the dialogue:

    i. Sur la côte Atlantique, il y a **des** plages magnifiques.
    ii. Sur la côte Atlantique, il y a **de** belles plages.

    Whether you use **des** or **de** depends on the position of the adjective.
    In the first example the adjective magnifiques comes **after** the noun.
    In such cases, **des** is used. In the second example, the adjective
    belles comes **before** the noun. When this happens, **de** is used.

A Use **de** or **des** to complete this list of what the Atlantic coast
has to offer tourists.

1 _____ villages pittoresques
2 _____ plages sablonneuses
3 _____ petits ports de pêche
4 _____ beaux campings
5 _____ grands hôtels
6 _____ bons équipements

B Rewrite this extract from a tourist brochure, by replacing the
underlined adjectives with a suitable adjective from the box below.
Remember that these adjectives come before the noun.

> grand   beau   petit   joli   nouveau   nombreux   bon   vieux

1 Il y a des stations balnéaires modernes mais on trouve aussi des
   ports de pêche pittoresques.
2 Il y a des campings énormes où beaucoup d'Anglais passent
   leurs vacances parce qu'il y a des plages magnifiques tout le long
   de cette côte.
3 À la campagne, il y a des maisons de taille très modeste qu'on
   peut louer à la quinzaine ou au mois.
4 Il y a aussi des châteaux anciens qu'on peut visiter.
5 Dans cette région, on peut passer des vacances très agréables.

C This extract from a travel brochure on where to stay and what to do on the Atlantic coast has mistakes in some of the underlined sections. Rewrite the extract, correcting anything that is wrong.

Sur cette côte, il y a des grands campings[1] où de nombreuses familles françaises[2] viennent passer leurs vacances. Des autres estivants[3] préfèrent les grandes stations où on trouve des grands hôtels[4] qui donnent sur la mer. Il y a des stations qui sont là depuis de longues années[5] et des autres[6] qui ont été construites depuis la guerre. On peut visiter des jolis ports de pêche[7] et de là on peut faire des promenades en mer agréables[8]. Tout autour des ports, il y a des bons petits restaurants[9] où on peut manger des fruits de mer délicieux[10].

■■■■■■■■■■■■■■■■■■■■■■■■■■■

3.2   the superlative
la plus belle côte de France   le meilleur camping de la région **les meilleurs fruits de mer de France   les meilleures vacances**

- Look at these two examples.

    i. C'est **le plus grand camping** de la région.
   It's the biggest campsite in the area.

    ii. C'est **le camping le plus luxueux** de la région.
    It's the best-equipped campsite in the area.

You can see that there are two versions of the superlative in French. The first version is used when the adjective comes **before** the noun. The most common of these adjectives are:

grand petit nouveau vieux beau joli jeune gros haut bon mauvais excellent long court autre nombreux.

The second version is used when the adjective comes **after** the noun.

- Note that **le moins . . .** can be used in the same way to translate **the least . . .** For example:

C'est le camping le moins cher.
It's the least expensive campsite.

- Watch out for the adjustments you must make when feminine and plural nouns are involved.

C'est **la plus grande station balnéaire** de la région.
It's the largest seaside resort in the area.

C'est **la station balnéaire la plus importante** de la région.
It's the most important seaside resort in the area.

Ce sont **les stations les plus populaires** de la côte.
They are the most popular seaside resorts on the coast.

A Look at the five basic examples above. Then rephrase these sentences using a superlative in each case. Complete each sentence with . . . **de la région.**

1 C'est un très grand port de pêche.
2 C'est une station très à la mode.
3 C'est une église très ancienne.
4 C'est un très joli village.
5 C'est une station très moderne.
6 C'est une très belle plage.
7 Ce sont des hôtels très confortables.
8 Ce sont des campings très tranquilles.

- Note that the superlative of bon is **meilleur (best)**. Look at these examples showing the different forms of **the best** in French:

C'est **le meilleur hôtel** de la ville.
C'est **la meilleure piscine** de la région.
Ce sont **les meilleurs campings** de la région.
Ce sont **les meilleures stations** de la région.

- Note that after a superlative the English idea of **in the area, in the town** is expressed by **de** in French: **de la région, de la ville.** Similarly, **in France** after a superlative, is expressed by **de France.**

B Translate these sentences into French.

1 It's the best restaurant in the town for seafood. (les fruits de mer)
2 It's the best area in France for fishing. (la pêche)
3 They're the best harbours in the area for sailing. (la navigation de plaisance)
4 They're the best beaches in France for children. (les enfants)

▬ ▬

3.3 superlative + subjunctive
les meilleures vacances que j'aie jamais passées!

• Look at these examples:

C'est **le plus beau château que j'aie jamais visité.**
It's the most beautiful castle I have ever visited.

Il dit que c'est **le meilleur film qu'il ait jamais vu.**
He says it's the best film he has ever seen.

Both examples have a **superlative (le plus beau . . . /le meilleur . . .)** followed by a **relative clause (que j'aie jamais visité/qu'il ait jamais vu).** When this happens, the relative clause has to be in the **subjunctive** form.

(See pages 49–50 for the superlative and pages 184–8 for the subjunctive.)

C'est le plus beau château que j'aie jamais vu!

Mme Dupuy was extremely pleased with her holiday. Rephrase what she says using the pattern noted above.

1 Je n'ai jamais vu un si beau coucher de soleil.
  C'est le plus beau coucher de soleil que _____
2 Je n'ai jamais visité un camping si propre.
  C'est le camping le plus propre que _____
3 Je n'ai jamais goûté un plateau de fruits de mer si frais.
  C'est le plateau de fruits de mer le plus frais que _____
4 Je n'ai jamais rencontré un gardien si aimable.
  C'est le gardien le plus aimable que _____
5 Je n'ai jamais fait un séjour si agréable.
  C'est le séjour le plus agréable que _____

3.4 the relative pronouns qui, que, dont
les équipements dont on pourrait avoir besoin **beaucoup de campings qui ne sont pas trop chers** **les meilleures vacances que j'aie jamais passées!**

- There is no separate word for **who** and **which** in French. Whether you use **qui** or **que** depends on the grammatical function of the word. Look at the following examples:

Je m'entendais bien avec la femme **qui** campait à côté de nous.
I got on well with the woman who was camping next to us.

Il y avait un restaurant **qui** servait des fruits de mer délicieux.
There was a restaurant which served delicious seafood.

Here **qui** means both **who** and **which**. **Qui** is used because it is the **subject** of the clause in both cases.

- Similarly, **que** is used in the next examples to mean both **whom** and **which**:

Le camping **que** nous avons choisi est très bien aménagé.
The campsite which we've chosen is very well laid out.

Tous les campeurs **que** j'ai rencontrés étaient très gentils.
All the campers whom I met were very kind.

Que is used because it is the **direct object** in both clauses.

- A rough-and-ready method of deciding whether to use **qui** or **que** is to use **qui** if the next item in the sentence is the verb. If this is not the case, use **que**. Try these examples:

  i. C'est le camping _____ nous avons choisi l'année dernière.
  ii. C'est le camping _____ avait une belle piscine.

In the first example, the verb does not come next, therefore **que** is correct. In the second example, the verb does come next, therefore **qui** is correct.

A Using the rules given above, complete what Mme Dupuy has to say about her holiday by filling the gaps with **qui** or **que**.

1 La tente _____ nous avons louée était trop petite.
2 Nous sommes allés à la plage _____ était à côté du camping.
3 C'est le bruit _____ je n'aime pas.
4 Le repas _____ nous avons pris sur le port était superbe.
5 Ce sont les autres campeurs _____ sont importants pour moi.
6 Les fruits de mer étaient les meilleurs _____ j'aie jamais mangés.
7 C'est Jean-Marc _____ adore la planche à voile.
8 C'est une région _____ je n'ai jamais visitée.

■ ■

- **Dont** can mean **of whom, of which, about whom, about which** and **whose**. Look at these examples:

C'est la femme **dont** je parlais hier soir.
It's the woman **about whom** I was talking last night.

La pollution des plages est un problème **dont** on parle beaucoup.
Coastline pollution is a problem about which we talk a lot.

C'est l'homme **dont** la voiture a été cambriolée.
That's the man whose car was broken into.

B Use **qui, que, qu'** or **dont** correctly to complete these comments made by tourists about their holidays on the Atlantic coast.

1 Les campeurs _____ on rencontre sont presque tous très sympathiques.
2 Le patron, _____ la femme est anglaise, apprécie beaucoup les campeurs britanniques.
3 Les plages _____ longent la côte sont immenses et très propres.
4 Là-bas, on trouve tous les équipements _____ on pourrait avoir besoin.
5 Les bateaux de plaisance _____ visitent Saint-Gilles créent de l'animation dans ce petit port de pêche.
6 Cette station _____ la plage a une renommée internationale a un certain nombre d'hôtels de luxe.
7 Le musée de voitures anciennes _____ nous avons visité hier était très intéressant.
8 Les dunes _____ la côte est bordée protègent les campings du vent de la mer.

3.5 how to translate **all, everybody, everything**

nous nous sommes tous très bien amusés
tous les équipements   toutes sortes de choses
tout est éparpillé   tout était très calme   tout le monde
tout le temps   tous les repas
nous allions tous au restaurant

- There are four forms of the adjective **tout**, meaning **all** or **every**:

tout le temps
all the time

tous les soirs
every evening

toute la journée
the whole day

toutes les semaines
every week

Note especially the spelling of the masculine plural form – **tous**.

A Use the correct form of **tout** to complete Mme Dupuy's description of the attractions of the Atlantic coast.

Nous allons sur cette côte presque _____¹ les ans. _____² la famille est très contente d'y aller. _____³ le monde aime le sport et il y a _____⁴ sortes d'activitiés pour satisfaire _____⁵ les âges et _____⁶ les goûts. _____⁷ ces activités attirent un grand nombre d'adeptes. Comme il fait beau presque _____⁸ le temps, on peut passer _____⁹ la journée en plein air. _____¹⁰ les petits Français semblent adorer les activités du Club Mickey. _____¹¹ les jours on les voit qui passent _____¹² la matinée à jouer ensemble. _____¹³ la bande semble se plaire énormément.

■ ■

- **Tout le monde** means **everybody** and it always takes a **singular verb**.

  Tout le monde aime la mer.
  Everyone likes the seaside.

  Au camping, **tout le monde** se parle.
  Everyone talks to each other.

- **Tout** used on its own means **everything**.

  Tout était très tranquille.
  Everything was very quiet.

  Tout s'est bien passé.
  Everything went well.

- **Tous** and **toutes** used on their own can mean **all**. Look at these examples:

  Nous avons **tous** fait de la planche à voile.
  We all went windsurfing.

  Elles ont **toutes** mangé des fruits de mer.
  They all ate seafood.

B Mme Dupuy's whole family had a great time on holiday and everybody was prepared to do their bit to make it a real success. Use **tout, tout le monde** or **tous** to complete the passage.

_____¹ a aimé la côte Atlantique. _____² a plu aux enfants: le camping, la plage et toutes les activités. Ils ont _____³ fait: de la planche à voile, de l'équitation, du tennis. _____⁴ était exactement comme on l'imaginait. Nous avons _____⁵ participé aux tâches ménagères: _____⁶ a fait les courses à tour de rôle. Un jour, je suis rentrée au camping un peu en retard et _____⁷ était prêt. Ils avaient _____⁸ préparé. Bref, nous avons _____⁹ fait un bon séjour là-bas et je crois que _____¹⁰ voudrait y retourner l'année prochaine.

■ ■

3.6   expressions of quantity +de
énormément de choses   **toutes sortes de choses** **un certain nombre de grands hôtels**   **beaucoup de campings** **la plupart des campings**   **très peu de repas** **la plupart du temps**

- A lot of expressions of quantity are followed by **de**. Look at these examples:

Il y a **beaucoup de** campings sur cette côte.
There are a lot of campsites on this coast.

Il y a **un certain nombre de** grands hôtels.
There are quite a few big hotels.

Il y a **tant de** belles plages.
There are so many good beaches.

Il y a **énormément de** choses à faire.
There are loads of things to do.

All the above expressions of quantity follow the same pattern: **expression of quantity + de + noun**.

- **La plupart** (**most**) is different, and follows this pattern: **la plupart +
  (de + article) + noun.** Look at these examples and note that the **de +
  article** rule (see page 12) must be followed:

  la plupart du temps
  most of the time

  la plupart des campeurs
  most (of the) campers

Use **d', de, du, de la,** or **des** to complete this text about
accommodation and things to do on the Atlantic coast.

Très peu _____¹ touristes fréquentent les hôtels. Un certain
nombre _____² estivants louent un appartement mais la plupart
_____³ visiteurs profitent du grand nombre _____⁴ campings
qu'il y a dans la région. On a l'impression que la plupart _____⁵
Français y viennent avec leurs enfants et cela se comprend
puisqu'il y a tant _____⁶ activités pour les jeunes. Il y a beaucoup
_____⁷ clubs et _____⁸ écoles où ils peuvent apprendre à faire de
la voile ou de la planche à voile.
 La plupart _____⁹ campeurs aiment passer autant _____¹⁰
temps que possible à profiter du soleil et de l'air vivifiant de cette
côte. Un certain nombre _____¹¹ campings ont une piscine mais la
plupart _____¹² plages ne sont pas dangereuses et les enfants
peuvent s'y baigner en toute sécurité.

■ ■

3.7   the perfect tense
vous avez passé   **nous nous sommes très bien amusés** **vous êtes allés**   **nous sommes allés** **les enfants se sont baignés**   **ils ont fait**   **on a fait** **on m'a dit**   **vous avez dû**   **j'ai préparé** **on a bien mangé!**

- The perfect tense is used to describe what happened or has
  happened in the past. For most verbs, the perfect tense is made up of
  the **present tense of** avoir (see page 31) + **the past participle.** Look

at the different forms of the perfect tense of **manger** given in the
following dialogue:

- **Vous n'avez pas mangé** au camping hier soir?
- Non, **nous avons mangé** au restaurant sur le port de Saint-Gilles.   .
- Qu'est-ce que **tu as mangé?**
- Moi, **j'ai mangé** une sole énorme. **Sylvie a mangé** des fruits de mer superbes! Et **les garçons ont mangé** un bifteck-frites.

- To form the past participles of regular verbs, follow these rules:

  -er verbs. For example:
  mang**er**   →   mang**é**

  -ir verbs. For example:
  fin**ir**   →   fin**i**

  -re verbs. For example:
  attend**re**   →   attend**u**

- The perfect tense of these verbs is therefore as follows:

manger (je)	→ **j'ai mangé**	I ate/I have eaten
finir (elle)	→ **elle a fini**	she finished/she has finished
attendre (vous)	→ **vous avez attendu**	you waited/you have waited

A Write down the perfect tense of the following verbs for the person given in brackets.

1 choisir (ils)
2 jouer (tu)
3 vendre (je)
4 dîner (nous)
5 acheter (je)
6 attendre (elle)
7 louer (nous)
8 finir (vous)

- A number of verbs have irregular past participles. Look at the following table. Here they are given with the **je** form of the perfect tense. Test yourself by writing down the infinitive form and then giving the **je** form of the perfect tense.

infinitive		past participle with j'ai	similar verbs
avoir	to have	j'ai **eu**	
boire	to drink	j'ai **bu**	
conduire	to drive	j'ai **conduit**	-uire verbs
connaître	to know	j'ai **connu**	-aître verbs (except naître)
courir	to run	j'ai **couru**	
craindre	to fear	j'ai **craint**	peindre (peint) éteindre (éteint) atteindre (atteint) joindre (joint)
croire	to believe	j'ai **cru**	
devoir	to have to	j'ai **dû**	recevoir (reçu) apercevoir (aperçu)
dire	to say	j'ai **dit**	-dire verbs
écrire	to write	j'ai **écrit**	décrire
être	to be	j'ai **été**	
faire	to do/make	j'ai **fait**	-faire verbs
lire	to read	j'ai **lu**	élire
mettre	to put	j'ai **mis**	-mettre verbs
ouvrir	to open	j'ai **ouvert**	couvrir (couvert) découvrir (découvert) offrir (offert) souffrir (souffert)
pouvoir	to be able to	j'ai **pu**	
prendre	to take	j'ai **pris**	-prendre verbs
rire	to laugh	j'ai **ri**	sourire
savoir	to know	j'ai **su**	
suivre	to follow	j'ai **suivi**	poursuivre
tenir	to hold	j'ai **tenu**	-tenir verbs
vivre	to live	j'ai **vécu**	survivre
voir	to see	j'ai **vu**	
vouloir	to want to	j'ai **voulu**	

- A small number of verbs form the perfect tense with **être** i.e. the **present tense of** être (see page 32) + **the past participle,** for example: **aller** → **je suis allé(e)** (I went).

  The following verbs all use **être** in the perfect tense. Note that any irregular past participles are given in brackets. Test yourself by writing out the infinitives of the verbs and then giving the **je** form of the perfect tense.

arriver	to arrive
partir	to leave
entrer	to come in
	(also rentrer to return)
sortir	to go out
aller	to go
venir (venu)	to come
	(also revenir to come back, devenir to become)
monter	to go up
descendre	to go down
retourner	to return
rester	to stay/remain
tomber	to fall
naître (né)	to be born
mourir (mort)	to die
passer	to pass (only takes être when a verb of motion)

- Note that with these **être verbs** the **past participle** must **agree** with the subject of the sentence. Look at the perfect tense of **arriver** as an example:

masculine	**feminine**
je suis arrivé	je suis arrivée
tu es arrivé	tu es arrivée
il est arrivé	elle est arrivée
nous sommes arrivés	nous sommes arrivées
vous êtes arrivé (arrivés)	vous êtes arrivée (arrivées)
ils sont arrivés	elles sont arrivées

B Write out the perfect tense of these **être** verbs.

1	aller (elle)	5	monter (elle)
2	partir (ils)	6	rester (nous)
3	arriver (nous)	7	tomber (il)
4	descendre (elles)	8	rentrer (ils)

C Translate the text below into French.

This summer we went to the Atlantic coast. We stayed on a campsite near Les Sables-d'Olonne. The boys went with me at the end of July but my husband stayed in Paris for a week. He finally arrived on August 7th. My sister came to Les Sables-d'Olonne towards the end of the month. She stayed in a hotel and we all went out together several times. Finally we all went back to Paris at the end of August.

- All reflexive verbs form the perfect tense with **être** i.e. the **present tense of être + the past participle**. With **être** verbs there is an agreement on the past participle. Look at these examples:

  – **Tu t'es** bien **amusé** aujourd'hui, Nicolas?
    Have you enjoyed yourself today, Nicolas?

  – Ce matin, **je me suis baigné** à la piscine. **Sophie et papa se sont amusés** à la plage. **Maman s'est reposée** à la maison.
    I swam in the pool this morning. Sophie and Dad enjoyed themselves on the beach. Mum had a rest back at the house.

  – L'après-midi, **nous nous sommes promenés** en voiture.
    In the afternoon we went out in the car.

  – **Vous vous êtes** bien **amusés?**
    Did you enjoy yourselves?

  – Oui, nous avons visité un musée d'automobiles anciennes.
    Yes, we visited a classic car museum.

- Note that the reflexive pronouns are as follows:

je **me**	tu **te**	il/elle/on **se**	nous **nous**	vous **vous**	ils/elles **se**

◤ D Write down the perfect tense of the following reflexive verbs for the person given in brackets.

1 se lever (je)   4 s'amuser (ils)
2 se baigner (il)   5 se reposer (elle)
3 se promener (nous)   6 se coucher (vous)

■ ■

- Remember that with **être** verbs there is an agreement between the past participle and the subject of the sentence, whereas with **avoir** verbs there is no such agreement.

◤ E Complete what Mme Dupuy has to say about her holiday by putting the verbs in brackets into the perfect tense. Remember to make the necessary agreements.

Nous (ALLER[1]) sur la côte Atlantique et nous (FAIRE[2]) du camping. Nous (RESTER[3]) 15 jours. Les enfants (S'AMUSER[4]). Ils (SE BAIGNER[5]), ils (ALLER[6]) à la pêche et ils (ESSAYER[7]) la planche à voile. Sophie et Anne (SE PROMENER[8]) à cheval. Nous (MANGER[9]) sur la plage une ou deux fois, et le soir du 14 juillet, nous (DÎNER[10]) dans un restaurant près du port.

■ ■

3.8   perfect or imperfect?
vous avez passé   nous nous sommes très bien amusés
vous êtes allés   nous sommes allés
les enfants se sont baignés   ils ont fait   on a fait
on m'a dit   vous avez dû   j'ai préparé
on a bien mangé!   vous étiez   tout était
tout le monde était   nous faisions   nous allions

- The **perfect tense** is used if the action of the verb took place once or for a specific and limited time:

  Nous sommes allés aux Sables-d'Olonne le 30 juillet.
  We went to Les Sables-d'Olonne on July 30th.

Ce jour-là, **Aurélie a fait** de la planche à voile pendant six heures.
That day Aurélie went windsurfing for six hours.

• The imperfect tense is used to describe what was generally true in a given situation:

Ce jour-là, **il faisait** très chaud.
That day it was very hot.

Tout le monde se baignait.
Everybody was swimming.

The **imperfect tense** is also used to talk about what people used to do in the past frequently:

Quand **j'étais jeune, je me baignais** tous les jours.
When I was young, I used to go swimming every day.

Je passais beaucoup de temps sur la plage.
I spent (used to spend) a lot of time on the beach.

• Look at the following examples. The **imperfect tense** is used to describe what someone was doing when something else happened. The **perfect tense** is used to describe what it was that happened.

Un jour, **je nageais** à 50 mètres de la côte quand **un hors-bord est passé** à 2 mètres de moi.
I was swimming 50 metres from the coast when a speed-boat went past a couple of metres from me.

Hier, **Georges faisait** de la planche à voile quand **une vedette a failli** le heurter.
Yesterday, Georges was windsurfing when a motor-launch nearly hit him.

Complete this account of a holiday by putting the verbs into the perfect or the imperfect, as appropriate.

Cette année, nous (PASSER[1]) nos vacances sur la côte Atlantique. Autrefois, on (ALLER[2]) tous les ans dans le Midi mais un jour on (FAIRE[3]) une mauvaise expérience. Cette année-là nous (FAIRE[4]) du camping près de la Garde-Freinet. Un jour, nous (DÉCIDER[5]) de visiter St. Tropez. Nous (MONTER[6]) à la citadelle d'où il y (AVOIR[7])

une très belle vue, nous (VISITER[8]) le musée maritime et
naturellement, nous (SE PROMENER[9]) sur le port. Vers sept heures,
nous (REPARTIR[10]) pour le camping mais comme nous
(APPROCHER[11]) de la Garde-Freinet, nous (VOIR[12]) un nuage de
fumée noire à l'ouest de la ville, là où (SE TROUVER[13]) notre
camping. Nous (CONTINUER[14]) notre chemin mais bientôt nous
(DEVOIR[15]) nous arrêter. Un peu plus loin, la route (ÊTRE[16]) coupée
par les flammes. Tous les arbres (BRÛLER[17]). On nous (DIRE[18]) que
les pompiers (ESSAYER[19]) de maîtriser le feu et que des avions
(DÉVERSER[20]) de l'eau sur l'incendie mais le vent (SOUFFLER[21]) très
fort et le feu (SE PROPAGER[22]) rapidement. On nous (CONSEILLER[23])
de faire demi-tour. Nous (ÊTRE[24]) si inquiets que nous (DÉCIDER[25])
de passer la nuit dans un hôtel. . .

Le lendemain, quand nous (RENTRER[26]) au camping, tous les
arbres aux alentours (ÊTRE[27]) calcinés* et on (AVOIR[28]) l'impression
que le camping aussi (RISQUER[29]) un jour d'être atteint par un
incendie. Voilà pourquoi nous (DÉCIDER[30]) de ne plus faire de
camping dans le Midi.

*=brûlés

■■■■■■■■■■■■■■■■■■■■■■■■

3.9   verbs + infinitive
on pourrait avoir besoin   vous avez dû préparer

- Remember that when verbs are followed by an infinitive, some need
  just the infinitive, others need **de + infinitive** , and others need **à +
  infinitive.** Make a point of noting down from your reading and
  listening which construction particular verbs take when used with
  an infinitive. Look at these examples:

Les Dupuy **voulaient aller** à la mer.
The Dupuy family wanted to go to the seaside.

Ils **ont décidé de faire** du camping.
They decided to go camping.

Ils **ont commencé à faire** des projets au mois de janvier.
They began to make plans in January.

(See pages 72–3, 104–5 and 174–5 for more verbs + infinitive.)

• Look through the list below. Then cover it up and test yourself by writing out the correct version of the sentences that follow.

vouloir	– to wish to
compter	– to intend to
aimer	– to like to
préférer	
aimer mieux	} – to prefer to
passer son temps à	– to spend time doing . . .
s'amuser à	– to while away the time doing . . .
tenir à	– to be keen to
chercher à	– to try to
réussir à	– to manage to
contribuer à	– to help to
se préparer à	– to prepare to
accepter de	– to agree to
choisir de	– to choose to
mériter de	– to deserve to

Complete what Mme Dupuy has written about her son, by filling in the gaps with **de** or **à** where necessary.

Mon fils veut _____¹ devenir champion de planche à voile.
Il aime _____² nager mais il préfère _____³ faire de la planche à voile.
En vacances, il passe tout son temps _____⁴ faire des sports nautiques. Il tient _____⁵ participer au championnat. Il cherche _____⁶ améliorer sa performance un peu tous les jours.
Il accepte _____⁷ faire tous les sacrifices nécessaires pour réussir _____⁸ devenir champion. En même temps, il a choisi _____⁹ rester au lycée et _____¹⁰ finir ses études.
En ce moment, il se prépare _____¹¹ passer son bac.
Son attitude très positive a contribué _____¹² assurer son succès.
Je crois qu'il mérite _____¹³ avoir beaucoup de succès.

Now check your answers and learn the ones you didn't get right.

■ ■

Unit 4

Talking about future plans

A young French student talks about his career plans and his extended working-holiday in Great Britain.

Jérôme:	Et toi, Pierre, qu'est-ce que tu feras après le bac?	4.1; 4.6; 4.7
Pierre:	Je ne sais pas exactement. Normalement, on veut travailler dans une agence de publicité ou devenir journaliste à la télévision, mais moi, en ce moment, je ne sais pas précisément ce que je voudrais faire.	4.3 4.9 4.3; 4.7
Jérôme:	Tu feras des études universitaires?	4.6
Pierre:	Je ne crois pas. Je n'aime pas tellement le travail scolaire. Je crois que je réussirai mon bac si je travaille plus dur mais c'est tout.	4.1
Jérôme:	Mais qu'est-ce que tu voudrais faire dans la vie?	4.3; 4.6; 4.7
Pierre:	Je ne sais pas ce qui m'intéresse. Tout ce que je sais, c'est que le travail de bureau ne m'attire pas du tout. Si je peux, je travaillerai pour une société jeune et dynamique, je voyagerai, je rencontrerai toutes sortes de gens . . . En tout cas, cet été, j'espère aller en Grande-Bretagne. Je passerai deux ou trois mois là-bas et quand je reviendrai, je parlerai anglais comme un Anglais!	4.7 4.1 4.1 4.3 4.1 4.2; 4.1
Jérôme:	Et tu as les moyens de te payer un tel séjour?	4.4; 4.6

Pierre:	J'ai demandé à <u>mon correspondant Nick</u>	4.5
	<u>de m'aider</u>. Il a dit <u>qu'il pourrait me</u>	4.3
	<u>trouver</u> de petits jobs là-bas à Brighton. <u>Je</u>	
	<u>pourrai livrer</u> des journaux ou du lait,	4.1; 4.3
	<u>travailler comme serveur</u> dans un	4.9
	restaurant de fast-food ou <u>comme</u>	4.9
	<u>baby-sitter</u>. Je suis prêt à <u>faire</u> n'importe	4.4
	quoi pour gagner un peu d'argent, <u>ce qui</u>	4.7; 4.3
	<u>me permettra de vivre</u> sans dépendre de	4.7
	personne. <u>Tout ce qu'il me faut</u>, c'est un	
	lit, un peu d'argent et des copains.	
Jérome:	<u>Ce ne sera</u> pas très marrant.	4.8; 4.1
Pierre:	Je ne suis pas d'accord. <u>Cela me permettra</u>	4.8; 4.1; 4.3
	<u>d'entendre</u> toutes sortes d'accents et	
	<u>quand je sortirai</u> le week-end avec Nick je	4.2
	<u>pourrai parler</u> anglais avec ses copains.	4.1; 4.3
	Mais on a assez parlé de moi. <u>Quels</u>	4.6; 4.7
	<u>sont tes projets</u> à toi pour les grandes	
	vacances?	

Je pourrai travailler comme baby-sitter!

4.1   the future tense
tu feras   je réussirai   je travaillerai   je voyagerai
je rencontrerai   je passerai   je reviendrai   je parlerai
je pourrai   ce qui me permettra   ce ne sera pas
cela me permettra   je sortirai

- The future tense is used to talk about what is going to happen in the future. In English the words **will** and **shall** are used to convey this idea. In French future endings are added to the infinitives of regular verbs. Look at these examples:

travailler	→	**je travaillerai** dur
		I'll work hard
finir	→	**je finirai** mes examens demain
		I'll finish my exams tomorrow
prendre	→	**je prendrai** un emploi à temps partiel
		I'll get a part-time job

Note that regular **-re** verbs drop the **-e** before the ending is added.

- There is just one set of endings for the future tense. Here is the future tense of the verb **finir:**

je finir**ai**
tu finir**as**
il/elle/on finir**a**
nous finir**ons**
vous finir**ez**
ils/elles finir**ont**

Note that the endings follow the same pattern as the endings of the verb **avoir** in the present tense.

- A number of important verbs are irregular in the future tense – the endings are the same as those listed above, but the stem needs to be learned:

aller	→ j'irai	I'll go
avoir	→ j'aurai	I'll have
devoir	→ je devrai	I'll have to
envoyer	→ j'enverrai	I'll send
être	→ je serai	I'll be

faire	→ je ferai	I'll do
mourir	→ je mourrai	I'll die
pouvoir	→ je pourrai	I'll be able to
savoir	→ je saurai	I'll know
venir*	→ je viendrai	I'll come
voir	→ je verrai	I'll see
vouloir	→ je voudrai	I'll want
il faut	→ il faudra	It will be necessary

*Note that the following verbs are conjugated like **venir**:
revenir   devenir   tenir + all verbs ending in **-tenir** (e.g.
maintenir).

● Watch out for minor irregularities:

i. A grave accent is added to **acheter, se lever** and all verbs ending
   in **-mener** (e.g. **se promener, emmener, amener,** etc.)

acheter	→ j'achèterai	I'll buy
se lever	→ je me lèverai	I'll get up
se promener	→ je me promènerai	I'll go for a walk

ii. Note the following changes with verbs like **appeler** and **jeter**:

appeler	→ j'appellerai	I'll call
jeter	→ je jetterai	I'll throw

For the verbs noted above, the minor irregularities occur
throughout the future tense.

A Give the future tense for the person given in brackets after the
following verbs.

1 travailler (tu)
2 prendre (il)
3 trouver (nous)
4 finir (elles)
5 passer (elle)
6 payer (je)
7 parler (vous)
8 gagner (ils)

B Pierre is looking forward to his holiday in England. The following sentences all show how he can talk about something in the future without actually using the future tense. Rewrite his sentences using the future tense of the verb underlined. For example:

Je vais <u>passer</u> mon bac le mois prochain.
Je **passerai** mon bac le mois prochain.

1 Je voudrais <u>aller</u> en Grande-Bretagne.
2 J'espère <u>pouvoir</u> trouver un emploi.
3 J'ai l'intention de <u>travailler</u> un peu tous les jours.
4 J'espère <u>faire</u> un peu de baby-sitting.
5 Je compte <u>voir</u> beaucoup de matchs de foot.
6 J'espère <u>sortir</u> avec les copains de Nick tous les week-ends.
7 Je veux <u>apprendre</u> à parler couramment l'anglais.
8 Je vais <u>acheter</u> un journal anglais tous les jours.
9 J'espère <u>avoir</u> l'occasion de perfectionner mon anglais.
10 Je sais que je vais <u>devoir</u> travailler dur.
11 Je compte <u>revenir</u> en France en août pour le mariage de ma sœur.
12 Je vais <u>rentrer</u> en France au mois d'octobre.

■ ■

4.2   quand + future tense
quand je reviendrai   quand je sortirai

● Look at this example:

Quand je rentrerai en France, **je parlerai** anglais comme un Anglais.
When I come back to France, I shall speak English fluently.

Where the present tense is used in English, the future tense is used in French. Always use the future tense to talk about something that will happen in the future. Here's another example:

Quand **je serai** en Angleterre, **j'achèterai** le Times tous les jours.
   (FUTURE)   (FUTURE)
When **I am** in England, **I shall buy** the Times every day.
   (PRESENT)   (FUTURE)

A Translate these sentences into French:

1 When I arrive in Brighton, I'll stay with Nick.
2 When I find a job, I'll look for a room.
3 When I go out at the weekend, I'll be able to speak English with Nick's friends.

■ ■

- Other conjunctions of time, such as **dès que** and **aussitôt que** (as soon as), **après que** (after), **tant que** (as long as) and **pendant que** (while), **lorsque** (when), will be followed by a verb in the future tense if the event is still to happen in the future. For example:

  Dès que/Aussitôt que j'aurai assez d'argent, je trouverai une chambre.
  As soon as I have enough money, I will find a room.

- Note that **si** (if) does not follow this pattern. With **si** the present tense is used as in English:

  Si je vais en Angleterre, je logerai chez mon ami, Nick.
  If I go to England, I shall stay with my friend Nick.

B Pierre is writing to tell his grandmother about his future visit to England. In these sentences taken from his letter, put the verb into the correct tense.

1 Si je (PASSER) trois mois à Brighton, je parlerai très bien l'anglais.
2 Quand j'(AVOIR) un emploi, je gagnerai assez d'argent pour être indépendant.
3 Quand je (ÊTRE) chez Nick, je pourrai faire du baby-sitting pour ses voisins.
4 Si je (PARLER) anglais tout le temps, je ferai des progrès.
5 Si tout (MARCHER) bien, je pourrai y rester plus longtemps.
6 Quand je (SE DÉBROUILLER) tout seul, je mènerai une vie plus indépendante.
7 Quand Nick et ses amis (PARLER) entre eux, je pourrai apprendre toutes sortes d'expressions courantes.

8 Si je (APPRENDRE) à bien parler anglais, ce sera très utile pour mon avenir.

9 Quand j'(HABITER) à Brighton, je pourrai aller passer le week-end à Londres de temps en temps.

10 Si j'(AVOIR) le temps, j'irai visiter l'Écosse et le pays de Galles.

■■■■■■■■ ■■■■■■■ ■■■■■■■■■ ■■■■ ■

4.3   verbs + infinitive

on veut travailler **je voudrais faire** **tu voudrais faire**	

on veut travailler   **je voudrais faire**   **tu voudrais faire**
j'espère aller   **il pourrait me trouver**   **je pourrai livrer**
ce qui me permettra de vivre   **cela me permettra d'entendre**
je pourrai parler

• Remember that when verbs are followed by an infinitive, some need **just the infinitive**, others need **de + infinitive**, and others need **à + infinitive**. Make a point of noting down from your reading and listening which construction particular verbs take when used with an infinitive. Look at these examples:

Elle **veut être** médecin.
She wants to be a doctor.

Il **a décidé de faire** des études universitaires.
He decided to go to university.

Il **a commencé à apprendre** l'anglais.
He has begun to learn English.

(See pages 64–5, 104–5 and 174–5 for more verbs + infinitive.)

• Look through the list below. Then cover it up and test yourself by writing out the correct version of the sentences that follow.

pouvoir	– to be able to
savoir	– to know how to
espérer	– to hope to
compter	– to intend to
aller	– to be going to
vouloir	– to want to

accepter de	– to agree to
offrir de	– to offer to
décider de	– to decide to
entreprendre de	– to undertake to
envisager de	– to think of
s'efforcer de	– to strive to
essayer de	– to try to
apprendre à	– to learn to
commencer à	– to begin to
passer son temps à	– to spend time . . .
perdre son temps à	– to waste time . . .
chercher à	– to try to
consentir à	– to agree to
s'attendre à	– to expect to
réussir à	– to manage to
tenir à	– to be anxious to

Read what Pierre has written about his future plans. Fill in the gaps with **de** or **à** where necessary.

J'ai décidé _____¹ aller en Grande-Bretagne cet été. Un ami a offert _____² me trouver un emploi et je compte _____³ y passer deux ou trois mois. J'accepte _____⁴ faire cela parce que je cherche _____⁵ améliorer mon anglais – je voudrais _____⁶ travailler plus tard pour une société internationale. Je compte _____⁷ travailler pour une société dynamique, et j'espère que je pourrai _____⁸ choisir l'emploi qui me convient. Je ne veux pas _____⁹ passer mon temps _____¹⁰ faire un travail routinier. J'espère _____¹¹ réussir _____¹² trouver un emploi vraiment absorbant – je ne peux pas _____¹³ envisager _____¹⁴ passer ma vie _____¹⁵ faire quelque chose d'ennuyeux! Je vais aussi _____¹⁶ essayer _____¹⁷ faire un stage d'informatique l'année prochaine. Il est essentiel de savoir _____¹⁸ utiliser un ordinateur et je tiens beaucoup _____¹⁹ apprendre _____²⁰ en utiliser un aussitôt que possible.

Now check your answers and learn the verbs you didn't get right.

■ ■

4.4   nouns and adjectives + infinitive

tu as les moyens de te payer   je suis prêt à faire

- Virtually all **nouns** are followed by **de + infinitive**. For example:

J'ai **envie d'aller** en Angleterre.
I want to go to England.

Here are some very common examples of this pattern.

avoir le temps de	– to have time to
avoir l'occasion de	– to have the opportunity to
avoir besoin de	– to need to
avoir envie de	– to want to
avoir les moyens de	– to be able to afford to
avoir le droit de	– to have the right to, to be allowed to
prendre la peine de	– to take the trouble to
courir le risque de	– to run the risk of

- Most adjectives are followed by **de + infinitive**. For example:

Je suis **heureux de pouvoir** aller en Grande-Bretagne.
I'm happy to be able to go to Great Britain.

Il sera **facile de trouver** un emploi.
It will be easy to find a job.

- A few adjectives, however, take **à + infinitive**. Those listed below are the most common and need to be learned thoroughly.

prêt(e) à	– ready to, willing to
disposé(e) à	– prepared to
enclin(e) à	– inclined to
résolu(e) à	– determined to
décidé(e) à	– determined to
lent(e) à	– slow to
(le/là) premier/première à	– (the) first to
(le/la) dernier/dernière à	– (the) last to
(le/la) seul(e) à	– (the) only one to
apte à	– fit to, liable to
destiné(e) à	– intended to, designed to

Pierre is phoning his sister to tell her about his plans to go and work in England. Complete what Pierre has to say by filling in the gaps with **de** or **à** where necessary.

- Tu sais bien que je suis résolu _____¹ aller en Grande-Bretagne.

- Oui, je suis sûr _____² trouver un emploi, parce que je suis prêt _____³ faire n'importe quoi! Je sais aussi que Brighton est une grande station balnéaire destinée _____⁴ attirer un grand nombre de visiteurs.

- Je cherche des jobs aptes _____⁵ assurer un revenu modeste mais régulier. Je crois que je serai obligé _____⁶ travailler dur.

- Tu te rappelles que Nick était le seul correspondant _____⁷ m'écrire régulièrement. Les autres ont toujours été lents _____⁸ répondre à mes lettres.

- Oui, je serai très content _____⁹ connaître les copains de Nick.

- Pas de problème! Tu sais qu'en cours d'anglais, je suis toujours le premier _____¹⁰ répondre!

Brighton attire un grand nombre de visiteurs.

| 4.5 | aider quelqu'un à faire, demander à quelqu'un de faire |

j'ai demandé à mon correspondant Nick de m'aider

- It is important to note these two different patterns. Firstly, look at the **aider** type verbs:

Nick **a aidé Pierre à trouver** un emploi.
Nick helped Pierre to find a job.

The pattern is therefore: **verb + person + à + verb**. Note that the following important verbs also follow this pattern:

inviter X à   – to invite someone to do
encourager X à   – to encourage someone to do
pousser X à }
inciter X à }   – to urge someone to do
autoriser X à   – to authorise someone to do
condamner X à   – to condemn someone to do
forcer X à }
obliger X à }   – to force someone to do
amener X à   – to induce someone to do
conduire X à   – to lead someone to do

- Secondly, look at the **demander** type verbs:

Pierre **a demandé à Nick de** lui **trouver** un emploi.
Pierre asked Nick to find him a job.

The pattern is therefore: **verb + à + person + de + verb**. Note that the following important verbs also follow this pattern:

dire à X de   – to tell somebody to do
permettre à X de   – to allow somebody to do
conseiller à X de   – to advise somebody to do
commander à X de }
ordonner à X de }   – to order somebody to do
promettre à X de   – to promise somebody to do
défendre à X de }
interdire à X de }   – to forbid someone to do
recommander à X de   – to recommend that someone should do

A Pierre's teachers and parents have encouraged him in his plans to improve his English. Complete the sentences below, by filling in the gaps with **de** or **à** where necessary.

1 La prof d'anglais a poussé _____ ses élèves _____ passer quelque temps en Grande-Bretagne.
2 Elle a recommandé _____ tous les élèves _____ passer au moins un mois là-bas tous les ans.
3 Son père aussi a encouragé _____ Pierre _____ élargir ses horizons.
4 Sa mère n'a pas forcé _____ Pierre _____ prendre tout de suite une décision concernant son avenir.
5 Elle a conseillé _____ Pierre _____ attendre un peu avant de décider.
6 Pierre a demandé _____ ses parents _____ lui prêter 2 000 francs pour les deux premières semaines.

■ ■

- Take special care when you are using pronouns with the **demander** type verbs.

La prof a dit **à Pierre** d'aller en Grande-Bretagne.
La prof lui a dit d'aller en Grande-Bretagne.
The teacher told him to go to Britain.

La prof a dit **aux élèves** d'aller en Grande-Bretagne.
La prof leur a dit d'aller en Grande-Bretagne.
The teacher told them to go to Britain.

(See pages 113 and 115–18 for more information on pronouns.)

B Rewrite sentences 2, 5 and 6 using pronouns.

■ ■

4.6   question forms

qu'est-ce que tu feras?   tu feras des études universitaires?
qu'est-ce que tu voudrais faire dans la vie?
et tu as les moyens de te payer un tel séjour?
quels sont tes projets à toi pour les grandes vacances?

- There are various ways of asking questions in contemporary spoken French. Perhaps the most common is to use a statement either with a rising intonation or with a **question word** added:

  Tu vas trouver un emploi à Brighton?
  Are you going to get a job in Brighton?

  L'avion part à **quelle** heure?
  What time does the plane leave?

  Ça s'écrit **comment**, l'adresse de ton ami?
  How is your friend's address spelt?

  This form of question can be used only in spoken French or in informal written French (for example, when you're writing to a close friend).

- In more formal contexts there are two question forms available. Firstly, you can invert the verb and the subject:

  Pourriez-vous m'écrire une lettre de recommandation pour un employeur éventuel?
  Could you write me a letter of recommendation for a potential employer?

  Ton ami Nick, où **habite-t-il**?
  Where does your friend Nick live?

  Quelles matières **a-t-il étudiées** à l'université?
  What subjects did he study at university?

  In the last two examples, note the addition of **-t-** to bridge the gap between the two vowels (a il → **a-t-il**).

- Note also that if there is a noun as subject of the verb in this inverted type of question, the appropriate pronoun is used with the verb:

Pourquoi **Pierre veut-il** aller en Grande-Bretagne?
Why does Pierre want to go to Britain?

Ses parents vont-ils lui donner de l'argent?
Are his parents going to give him some money?

- Secondly, you can use **est-ce que?** to avoid the inversion:

Que vas-tu faire?   →   **Qu'est-ce que tu vas faire?**
Comment espère-t-il gagner sa vie?   →   **Comment est-ce qu'il
espère** gagner sa vie?

Look at the list of informal questions below. Turn these into
formal questions, using firstly the **inversion** and secondly the **est-ce
que . . .?** version.

1 Tu vas habiter où en Grande-Bretagne?
2 Tu espères gagner combien d'argent?
3 Tu vas rentrer en France quand?
4 Pierre part pour Brighton quand?
5 Il va voyager comment?
6 La famille de Nick peut héberger Pierre longtemps?
7 Tu veux trouver quelle sorte de job?
8 Pierre parle bien le français?

4.7   how to translate what
qu'est-ce que tu feras?   ce que je voudrais faire qu'est-ce que tu voudrais faire?   ce qui m'intéresse tout ce que je sais   ce qui me permettra tout ce qu'il me faut quels sont tes projets?

- **What** in a direct question (i.e. when there is a question mark at the
  end of the sentence, as in '**What** interests Pierre?') is translated as
  follows:

Qu'est-ce qui intéresse Pierre comme emploi?
What interests Pierre in the job line?

Qu'est-ce que tu vas faire après le bac? OR
Que vas-tu faire après le bac?
What are you going to do after the bac?

Use **Qu'est-ce qui** when **what** is the **subject** of the sentence, and
Qu'est-ce que or **que** when **what** is the **object** of the sentence.

- **What** in an indirect question (i.e. when there is no question mark at
  the end of the sentence, as in 'I don't know **what** interests Pierre') is
  translated as follows:

Je ne sais pas **ce qui** m'intéresse.
I don't know what interests me.

Je ne sais pas **ce que** je voudrais faire.
I don't know what I would like to do.

Use **ce qui** when **what** is the **subject** of the sentence, and **ce que**
when **what** is the **object** of the sentence.

- When used with a preposition **what** is translated as follows:

En quoi puis-je vous aider?
In what way can I help you?

De quoi parlez-vous?
What are you talking about?

À quoi servent les études supérieures?
What is the use of higher education?

De quoi s'agit-il?
What's it all about?

- When used with a noun, **what** is used as an adjective and is
  translated as follows:

Quel emploi as-tu choisi?
What job have you chosen?

Quelle expérience du travail as-tu?
What work experience have you got?

Quels sont tes projets pour l'été?
What are your plans for the summer?

Quelles matières préfères-tu au lycée?
What subjects do you prefer at school?

- **Ce qui** and **ce que** (see above) can also be used to refer to an idea, rather than to a particular noun. Look at these examples:

Je pourrai gagner un peu d'argent, **ce qui** me permettra de vivre sans dépendre de personne.
I'll be able to earn a little money, which (the earning of the money) will allow me to live independently.

Ma mère me demande tout le temps si j'ai bien mangé, **ce que** je déteste.
My mother asks me all the time if I've had enough to eat, which (her asking all the time) I hate.

Use **ce qui** when the idea referred to is the **subject** of the sentence, and **ce que** when the idea referred to is the **object** of the sentence.

A Complete this conversation between Pierre and his friend, Manon, by filling the gaps with **qu'est-ce qui**, **qu'est-ce que**, **ce qui**, or **ce que**.

Manon: _____[1] tu vas faire quand tu arriveras à Brighton?
Pierre: Nick va m'expliquer _____[2] je dois faire pour trouver une chambre.
Manon: Et _____[3] va arriver si tu ne trouves pas d'emploi?
Pierre: Nick va me téléphoner ce week-end pour me dire _____[4] il a trouvé comme emploi.
Manon: _____[5] tes parents ont dit?
Pierre: _____[6] inquiète le plus ma mère, c'est _____[7] je vais manger quand je serai en Grande-Bretagne! Pour moi, _____[8] est important, c'est que je dois faire beaucoup de progrès en anglais.

B Now complete this conversation between Pierre and another friend, Alain, by filling in the gaps with **qu'est-ce qui, qu'est-ce que, ce qui, ce que, quoi,** or the correct form of **quel.**

Pierre: Tu sais _____¹ me donne envie d'aller en Grande-Bretagne? _____² me plaît, c'est l'idée de vivre comme les Anglais.

Alain: Mais de _____³ vas-tu vivre en Angleterre? _____⁴ sorte de travail espères-tu faire? _____⁵ tu vas gagner comme salaire? Nick, _____⁶ il fait comme travail?

Pierre: Tant de questions! Je sais que les premiers jours, je pourrai dépenser _____⁷ mes parents vont me donner, et ensuite ce sera à moi de me débrouiller! . . . De _____⁸ ris-tu? Tu penses à _____⁹ mes parents vont dire?

Alain: Écoute bien _____¹⁰ je vais te dire. On ne sait jamais _____¹¹ peut arriver à l'étranger!

■ ■

4.8   ce or cela?
ce ne sera pas   cela me permettra

- Look at these examples of how to use **ce** and **cela** (this/that):

  Ce ne sera pas marrant.
  That won't be much fun.

  Je voudrais passer quelques jours chez vous si **cela** ne vous dérange pas trop.
  I would like to come and stay for a few days if that's OK by you.

  The rule is to use **ce** with the verb être and **cela** with all other verbs.

- In speech, cela is usually shortened to **ça.**

  Ça va?
  Is that all right?
  Ça ne fait rien.
  That doesn't matter.
  Ça ne me dit rien.
  That doesn't appeal to me.

- Both **ce** and **cela** will also convey the meaning **it** if it refers to a general idea.

Il faut écouter attentivement si on veut tout comprendre. **Ce** n'est pas facile du tout.
You have to listen carefully if you want to understand everything. It's not at all easy.

Si je gagne un peu d'argent, **cela** me permettra d'être indépendant.
If I earn a bit of money, it will allow me to be independent.

Pierre is very keen to improve his English and to improve his career prospects. Use **ce** or **cela** as appropriate to complete what he has to say.

Travailler dans une banque? Non, _____[1] ne m'attire pas. _____[2] est trop routinier. Si je réussis à mon bac, _____[3] me permettra d'aller à l'université plus tard. Travailler pour une grande société internationale, _____[4] serait vraiment passionnant. J'aurai 2 000 francs que mon père va me donner. _____[5] me donnera le temps de chercher un emploi. Quand on travaille comme serveur, on rencontre toutes sortes de gens. _____[6] est très intéressant pour un étudiant en langues. Vivre dans une ambiance vraiment anglaise, _____[7] sera fascinant mais _____[8] me fait un peu peur aussi. Vivre dans un pays étranger, _____[9] vous aide à bien connaître la langue. Si je vois un film anglais à la télévision, _____[10] me donne tout de suite envie d'aller en Grande-Bretagne.

4.9   how to talk about jobs

**devenir journaliste   travailler comme serveur
comme babysitter**

- Look at these examples and note the difference between the English and French usage:

Pierre veut **être homme d'affaires.**
Pierre wants to be a business man.

Normalement on veut **devenir journaliste.**
Normally people want to be journalists.

Nick est étudiant en sciences économiques à Brighton.
Nick is an economics student in Brighton.

Note that the indefinite article (**un** or **une**) is **omitted** in French when talking about what job someone has.

Normalement on veut devenir journaliste.

A Below is a list of words which refer to the status or occupation of various people. Fit them appropriately into the sentences below the list.

fils unique	coiffeuse	chauffeur de taxi
comptable	lycéen	professeur
chômeur	serveur	
programmeur	plombier	

1 Pierre n'a ni frère ni sœur. Il est _____ .
2 Il s'intéresse à l'informatique mais il ne voudrait pas devenir _____ .
3 En ce moment, il est en terminale: il est _____ à Paris.
4 Sa mère voudrait que Pierre soit _____ comme elle mais Pierre n'est pas très fort en maths.
5 Colin, le frère de Nick, travaille dans le bâtiment comme _____ .
6 Un autre frère travaille comme _____ chez McDonald.
7 Sa sœur qui est _____ travaille dans un salon de coiffure à Hove.
8 Son père est _____ . Ses affaires marchent bien, surtout l'été quand il conduit beaucoup de clients à Gatwick.
9 Sa mère est _____ d'éducation physique.
10 Aucun membre de la famille n'est _____ et Pierre est sûr qu'il pourra trouver un emploi.

B Translate the following sentences into French.

1 Jérôme wants to be a business man.
2 He is still a student.
3 He works as a waiter during the holidays.
4 His father is a teacher.
5 His mother is a journalist.
6 His sister has already found a job. She works as an accountant.

Unit 5

Giving advice and instructions

A driving-instructor gives some last-minute advice to a learner-driver the day before the test.

La monitrice d'une auto-école parle.

– Bon. Je viens de vous donner votre dernière leçon avant   5.6; 5.4
l'épreuve de conduite. Et maintenant, je vous demande   5.1
d'écouter attentivement ce que je vais vous dire.   5.8
Naturellement, je conseille toujours à mes élèves de   5.8; 5.1
conduire avec prudence. Je leur dis d'accélérer et de   5.1
freiner doucement mais normalement, la première fois   5.8; 5.6
qu'ils se trouvent seuls au volant, ils conduisent avec une   5.8
imprudence incroyable . . .

    Alors j'ai quelques bons conseils à vous donner.
D'abord, ne brûlez jamais les feux. Là-bas, au carrefour,   5.2
vous auriez dû vous arrêter au feu orange. C'est   5.5; 5.7; 5.9
vraiment très dangereux, ce que vous avez fait là.   5.8

    Et puis, quand on conduit, il faut constamment faire   5.8
attention. Il est essentiel, par exemple, d'utiliser son   5.7
rétroviseur avant de dépasser un autre véhicule . . .   5.4

    Réussir l'épreuve c'est bien, mais cela ne suffit pas: 5.7; 5.8
pendant les six premiers mois après avoir obtenu son   5.6; 5.3
permis de conduire, on doit apprendre à bien conduire.   5.10; 5.8; 5.9
C'est pour cette raison qu'on ne permet pas aux   5.7; 5.1
nouveaux titulaires de conduire à plus de 90 kilomètres à
l'heure . . .

Je vous conseille surtout de ne jamais rouler trop vite   5.1; 5.8
ou de façon irresponsable. Ne vous inquiétez pas si les   5.8; 5.2

autres vous dépassent . . .   En arrivant à un carrefour ou
en approchant d'un rond-point, <u>vous devriez ralentir</u> en   5.5; 5.9
freinant <u>légèrement</u>.   5.8

   Bon. Je crois que vous aurez le permis demain. Mais
<u>n'allez pas penser</u> que vous êtes le meilleur conducteur   5.2; 5.9
du monde! Alors, à demain! Et bonne chance!

Accélérez doucement!

5.1   demander à quelqu'un de faire

je vous demande d'écouter
je conseille toujours à mes élèves de conduire
je leur dis d'accélérer
on ne permet pas aux nouveaux titulaires de conduire
je vous conseille surtout de ne jamais rouler

- The pattern **verb + à + person + de + verb** must be followed when using **demander** to translate **to ask somebody to do something**:

  Souvent les jeunes **demandent à leurs parents de leur acheter** une voiture.
  Young people often ask their parents to buy them a car.

- Several other verbs follow the same pattern:

  On **conseille à tous les jeunes de conduire** avec prudence.
  One advises all young people to drive carefully.

  La monitrice **a dit à son élève d'accélérer** plus doucement.
  The instructor told her pupil to accelerate more gently.

  On **permet aux débutants de conduire** seulement à 90 kilomètres à l'heure.
  They allow new drivers to drive no faster than 90 kilometres an hour.

A The instructions given during the lesson are listed below. Rephrase the sentences, saying what the instructor asked the learner to do:
La monitrice a demandé à son élève de . . .

1 Attendez le feu vert!
2 Utilisez le rétroviseur plus souvent!
3 Ralentissez en approchant du rond-point!
4 Bouclez la ceinture de sécurité!
5 Faites attention tout le temps!
6 Pensez aux autres automobilistes!
7 Conduisez plus lentement!
8 Prenez moins de risques!

B Make up similar sentences by using the elements of incomplete sentences below. Add **à, au, aux, d'** or **de** where appropriate, make necessary adjustments and put the verb in brackets into the **perfect tense**.

1 Martin	(DEMANDER)	son père	acheter une vieille bagnole.
2 La monitrice	(CONSEILLER)	Martin	vérifier l'état des pneus.
3 On	(DIRE)	Martin	rester à l'hôpital.
4 On	(PERMETTRE)	les autres jeunes	rentrer chez eux.
5 Le père de Florence	(ORDONNER)	la jeune fille	ne plus sortir avec Martin.
6 Le garagiste	(DIRE)	le jeune homme	faire réparer les dégâts aussi vite que possible.

■ ■

● Take care when the **à + noun** is replaced by a **pronoun** (lui, leur, me, nous etc.). It is important to continue to use **de** before the infinitive:

La monitrice a dit à Martin **de conduire plus lentement.**
The instructor told Martin to drive more slowly.

La monitrice **lui** a dit **de** conduire plus lentement.
The instructor told him to drive more slowly.

On a permis **aux jeunes de** rentrer chez eux.
They allowed the young people to go home.

On **leur** a permis **de** rentrer chez eux.
They allowed them to go home.

C Write down the pronoun version of the sentences below.

1 On conseille **à l'élève** de ne pas démarrer trop brusquement.
2 On dit **au nouveau titulaire** de conduire avec prudence.
3 Souvent les parents permettent **aux enfants** de conduire la voiture familiale.
4 On demande souvent **à ses parents** d'acheter une voiture d'occasion.

■ ■

5.2   the imperative

**ne brûlez jamais les feux   ne vous inquiétez pas
n'allez pas penser**

- To form the imperative (to give someone an order/tell someone what to do), use the tu, nous or vous form of the present tense of the verb **without** the tu, nous or vous. For example:

  Prends la deuxième à droite!
  Take the second on the right!

  Essayons cette manœuvre encore une fois!
  Let's try that manœuvre again!

  Tournez à gauche!
  Turn left!

- Negative imperatives (telling someone what not to do) follow this pattern:

  Ne tournez pas à droite! Don't turn right!

- Note that the **-s** ending of the tu form of **-er** verbs is dropped in the imperative. For example:

present tense:	tu tournes à droite	you are turning right
imperative:	**tourne** à droite!	turn right!
present tense:	tu vas tout droit	you are going straight on
imperative:	**va** tout droit!	go straight on!

A Write down the imperative forms of the verbs below.

When addressing someone as **tu**:
1 Il faut freiner plus doucement.
2 Il est essentiel de conduire avec prudence.
3 Il faut penser aux autres automobilistes.
4 Il est essentiel de changer de vitesse plus tôt.

When conveying the idea of **let's do something**:
5 Est-ce qu'on peut démarrer maintenant?
6 Est-ce qu'on peut prendre la deuxième à gauche?
7 Est-ce qu'on peut faire cette manœuvre encore une fois?
8 Est-ce qu'on peut finir maintenant?

When addressing someone as **vous**:
9 Il faut lire le code de la route très attentivement.
10 Il est essentiel de faire attention tout le temps.
11 Il faut ralentir avant d'arriver à un rond-point.
12 Il est essentiel de partir toujours à temps.

■ ■

- To form the imperative of **reflexive verbs**, follow the rules noted above and note also that the **reflexive pronoun** is placed **after** the verb. Look at this example with the verb **se taire** (to be quiet):

present tense: vous vous taisez   you are quiet
imperative: **taisez-vous!**   be quiet!

present tense: nous nous taisons   we are quiet
imperative: **taisons-nous!**   let's be quiet!

Note that a **hyphen** is added when the pronoun is placed after the verb.

- The imperative of **tu forms** is slightly different. Look at this example, again with the verb **se taire** (to be quiet):

present tense: tu te tais   you are quiet
imperative: **tais-toi!**   be quiet!

The reflexive pronoun te is replaced by **toi**.

(See pages 45 and 158 for more information on reflexive verbs.)

B Write down the imperative forms of the verbs below, using **tu:**

1 Martin, tu dois te dépêcher.
2 Tu dois monter dans la voiture.
3 Tu dois t'installer confortablement.
4 Tu dois vérifier le frein à main et le levier de vitesse.
5 Tu dois te calmer.
6 Tu dois bien te préparer pour l'épreuve.
7 Tu dois te rappeler tous mes conseils.

- In negative imperatives, the reflexive pronouns are placed **before** the verb. Compare these examples:

  asseyez-vous!   sit down!
  ne vous asseyez pas!   don't sit down!

  baignons-nous!   let's go for a swim!
  ne nous baignons pas! let's not go for a swim!

  Note that the hyphen is only added in positive commands when the pronoun comes after the verb.

- With negative imperatives of tu forms, the reflexive pronoun **te** is used – it only changes to **toi** in positive commands:

  dépêche-toi!   hurry up!
  ne te dépêche pas!   don't hurry up!

C The instructor is not pleased with the learner's driving this morning. Write out what she tells him not to do – give the **negative imperative** of the following verbs.

1 se mettre au milieu de la chaussée (vous)
2 s'approcher trop des autres véhicules (vous)
3 s'arrêter trop près du trottoir (vous)
4 se fâcher (vous)
5 se disputer (nous)

D The learner's father also has some last-minute advice. Write out what he tells him not to do – give the **negative imperative** of the following verbs.

1 s'amuser à regarder ce qui se passe dans la rue (tu)
2 s'occuper des erreurs des autres automobilistes (tu)
3 se tromper de vitesse (tu)

■ ■

5.3   how to translate after
après avoir obtenu

- With a noun use **après**:

  après l'épreuve de conduite   after the driving test

- With a verb, there are several ways of translating after:

  i. When the same person is the subject of both clauses, use **après + perfect infinitive**. There are different versions of this pattern, depending on whether a verb takes **avoir** or **être** in the perfect tense (see pages 60–1). Look at these examples:

  avoir verbs: **après + avoir + past participle**. For example:

  Après avoir conduit pendant quelques semaines, on fait toutes les manœuvres sans y penser.
  After you've driven for a few weeks, you do all the manœuvres instinctively.

  être verbs: **après + être + past participle**. For example:

  Après être monté dans la voiture, on vérifie le frein à main, on ajuste le rétroviseur . . .
  After getting in the car, you check the handbrake, you adjust the mirror . . .

Reflexive verbs: **après + s'être + past participle**. For example:

Après s'être habitué au maniement de la voiture, il faut apprendre à utiliser la route correctement.
After you've got used to handling the car, you have to learn how to use the road properly.

Note that when être is used the past participle must agree with the subject. With reflexive verbs use the correct reflexive pronoun for the subject of the sentence. For example:
Après m'être installé, je . . .
(See page 158 for information on reflexive pronouns.)

ii. When the subjects of the two clauses are different, use **après que . . .**

Après que j'avais brûlé les feux plusieurs fois, mon père a refusé de m'accompagner.
After I had gone through the red lights several times, my father refused to go out with me any more.

Complete the following sentences – use a suitable **après** construction, and alter the verbs in brackets as appropriate.

1 _____ (CHANGER) la roue, ils se sont remis en route.
2 _____ (RÉUSSIR) à l'examen du code de la route, on peut passer le permis de conduire.
3 _____ (APPRENDRE) à conduire, les jeunes veulent acheter une voiture à eux.
4 _____ la voiture était tombée en panne plusieurs fois, on a décidé de la vendre.
5 _____ ma première leçon, j'ai pensé que je n'obtiendrais jamais mon permis de conduire.
6 _____ Martin avait donné son nom et son adresse, le policier lui a permis de partir.
7 _____ (PRENDRE) un café et _____ (SE REPOSER) un peu, il a pu continuer son chemin.
8 _____ (RÉUSSIR) au permis de conduire, il a demandé à ses parents de lui acheter une voiture.

5.4   how to translate before
avant l'épreuve   avant de dépasser

- With a noun use **avant**:

   avant l'épreuve de conduite   before the driving test

- With a verb, there are two constructions:

   i. When the same person is the subject of both clauses, use **avant de + infinitive**:

   Martin a pris 20 leçons **avant de passer** son permis de conduire.
   Martin had 20 lessons before he took/before taking his driving test.

   ii. When the subjects of the two clauses are different people, use **avant que + subjunctive**:

   Avant que le candidat puisse passer l'épreuve de conduite, l'examinateur lui explique ce qui va se passer.
   Before the candidate can take the driving test, the examiner explains what will happen.

   (See pages 184–8 for information on the use of the subjunctive.)

Avant l'épreuve . . .

➤ Use **avant, avant de** or **avant que/qu'** as appropriate in the following sentences.

1 On doit mettre son clignotant _____ changer de voie.
2 _____ on achète une voiture d'occasion, un mécanicien devrait l'examiner.
3 _____ passer l'épreuve de conduite, on doit passer l'examen du code de la route.
4 _____ arriver au carrefour, le conducteur doit freiner légèrement.
5 On ne peut pas conduire à plus de 90 kilomètres à l'heure _____ la fin de la première année.
6 Le moniteur vous donne toujours beaucoup de conseils _____ on passe le permis.
7 On doit toujours regarder une bonne carte routière _____ partir.
8 _____ changer de vitesse, on doit freiner un peu.

■■■■■■■■■■■■■■■■■■■■■■■■■■■

5.5   how to translate **ought to have done/ought to do**
vous auriez dû vous arrêter   vous devriez ralentir

- The **conditional** of **devoir** is used to convey the idea that one **should/ought to do something**, and the verb expressing what one should do is in the infinitive:

  On devrait penser tout le temps aux autres usagers de la route. You should think about other road-users all the time.

  The **conditional** of **devoir** is as follows:

  je devrais
  tu devrais
  il/elle/on devrait
  nous devrions
  vous devriez
  ils/elles devraient

- The **conditional perfect** of **devoir** is used to convey the idea that one should have done/ought to have done something and the verb expressing what one should have done is the infinitive:

On aurait dû prendre la première route à gauche.
We should have taken the first road on the left.

The **conditional perfect** of **devoir** is as follows:

j'aurais dû	nous aurions dû
tu aurais dû	vous auriez dû
il/elle/on aurait dû	ils/elles auraient dû

◤ Rephrase the advice given below, using the conditional or conditional perfect of devoir to say what people should do or should have done.

1 N'oublie pas de regarder dans ton rétroviseur. Tu _____
2 Ne changez pas de voie sans utiliser le clignotant. Vous ne _____
3 Mais tu ne t'es pas arrêté au feu rouge! Tu _____
4 On a oublié d'acheter une bonne carte routière. On _____
5 N'oubliez jamais de boucler votre ceinture avant de partir. Vous _____ toujours _____
6 Il ne faut jamais rouler vite quand les routes sont mouillées. On ne _____
7 Vous avez traversé le carrefour sans regarder à gauche ni à droite. Vous _____
8 Vous avez brûlé les feux. C'est très dangereux. Vous _____

■■■■■■■■■■■■■■■■■■■■■■■■■■■

Vous avez brûlé les feux rouges!

5.6   dernier and prochain

votre dernière leçon   la première fois   les six premiers mois

---

- The adjective **dernier/dernière** comes **before** the noun when it conveys the idea of **the last** or **the latest in a series.**

  C'est votre **dernière leçon** avant l'épreuve de conduite.
  It's your last lesson before the driving test.

  Le **dernier modèle** de Renault a beaucoup de succès.
  The latest Renault model is very popular.

- The adjective **prochain(e)** meaning the **next in a series**, follows the same pattern.

  Je descends au **prochain** arrêt.
  I'm getting off at the next stop.

- **Dernier/dernière** comes **after** the noun when it conveys the idea of **the last one before this** (usually with days of the week and with semaine, mois, an/année).

  samedi dernier   last Saturday
  la semaine dernière   last week
  le mois dernier   last month
  l'an dernier, l'année dernière last year

- The rule for **prochain(e)** is similar when it is used to mean **the next one after this**.

  samedi prochain   next Saturday
  l'année prochaine   next year

- Note that the word order is the opposite to English when **dernier** and **prochain** (and **premier**) are used with numbers:

  au cours des **30 dernières** années
  during the last 30 years

  dans les **10 prochaines** années
  within the next 10 years

  les **deux premières** leçons
  the first two lessons

A Add the correct form of **dernier** in its correct position to complete these sentences.

1 C'est la fois que je sors avec lui! (THE LAST TIME)
2 Le garage avait les pièces dont nous avions besoin. (THE LAST GARAGE)
3 J'ai passé mon permis de conduire la semaine des vacances de Pâques. (THE LAST WEEK)
4 Il a acheté une nouvelle voiture le mois. (LAST MONTH)
5 Au cours des cinq années, ils ont sorti trois nouveaux modèles. (THE LAST FIVE YEARS)

B Add the correct form of **prochain** in its correct position to complete the following sentences.

1 La semaine, j'espère acheter une nouvelle voiture. (NEXT WEEK)
2 Dans les 20 années, beaucoup de Français vont acheter une voiture. (THE NEXT 20 YEARS)
3 Lundi, j'irai au lycée en voiture pour la première fois. (NEXT MONDAY)

■ ■

5.7 il est or c'est?
c'est vraiment très dangereux   **il est essentiel d'utiliser**   **c'est bien**   **c'est pour cette raison**

- Look at these examples with **il est**.

  Il est dangereux de brûler les feux.
  Il est difficile de faire attention tout le temps.

  The pattern in formal French is: **Il est + adjective + de + infinitive**. (You will often hear **c'est + adjective + de +infinitive** in spoken French.)

- If, however, the idea is complete in itself, **c'est** is used instead. Compare these examples:

  – **Il est possible d'avoir** le permis après dix leçons?
  – **C'est possible** mais **c'est difficile**.

Use **il** or **c'** as appropriate in the following sentences.

_____¹ est essentiel de démarrer doucement. _____² est plus prudent aussi.

Avoir sa propre auto, _____³ est formidable. _____⁴ est si facile d'arriver à l'heure prévue.

_____⁵ est imprudent de brûler les feux. En fait, _____⁶ est vraiment suicidaire.

Conduire avec prudence, _____⁷ est moins passionnant mais _____⁸ est plus sûr.

_____⁹ est important d'obéir aux règles de la route même si _____¹⁰ est un peu embêtant quelquefois.

Prendre des leçons de conduite, _____¹¹ est cher mais _____¹² est très utile.

Avoir sa propre voiture, c'est formidable!

5.8   adverbs
attentivement   naturellement   doucement normalement   avec une imprudence incroyable   vraiment constammement   bien   vite   de façon irresponsable légèrement

- Adverbs describe how something is done: carefully, slowly, well.

- Most adverbs are derived from the **feminine form of the adjective** + **-ment**. Look at these examples:

masculine form	feminine form	adverb	
heureux	heureuse	**heureusement**	happily
naturel	naturelle	**naturellement**	naturally
général	générale	**généralement**	generally
lent	lente	**lentement**	slowly
doux	douce	**doucement**	softly
attentif	attentive	**attentivement**	attentively

- There are some exceptions. If the adjective ends in a vowel, the adverb is derived from the masculine form. For example:

vrai	→	**vraiment**	really
absolu	→	**absolument**	absolutely
infini	→	**infiniment**	infinitely

- Adjectives ending in -ent form their adverbs with -emment:

récent	→	**récemment**	recently
fréquent	→	**fréquemment**	frequently
évident	→	**évidemment**	evidently

The only exception to this rule is lent:

lent → **lentement**   slowly

- Adjectives ending in -ant form their adverbs with -amment:

constant	→	**constamment**	constantly
courant	→	**couramment**	fluently

- A few common irregular adverbs need to be learned:

vite	quickly
bien	well
mal	badly
mieux	better
énormément	greatly
profondément	deeply
notamment	notably

A Newly qualified drivers don't always drive the way they've been taught to drive. Form adverbs from the adjectives below to fill the gaps in the text. The first letter of each missing adverb has been given.

doux	général	adroit
bon	constant	normal
dangereux	fréquent	attentif
absolu	lent	vrai
prudent		mauvais

G_____[1], les jeunes Français apprennent à conduire avec une auto-école. On leur conseille de conduire p_____[2], de démarrer l_____[3] et d'accélérer d_____[4]. N_____[5], la plupart des jeunes écoutent a_____[6] mais certains conduisent d_____[7]. F_____[8] ils provoquent des accidents graves. Il est a_____[9] essentiel que ces jeunes comprennent qu'ils sont v_____[10] bêtes et dangereux. S'ils veulent b_____[11] conduire, ils doivent surveiller c_____[12] la façon dont ils conduisent. Il faut qu'ils comprennent qu'on admire davantage ceux qui conduisent a_____[13] que ceux qui conduisent m_____[14].

■ ■

- Note that adverbs can also be conveyed in a number of other ways:

  i. **avec + an abstract noun.** For example:

avec tact	tactfully
avec enthousiasme	enthusiastically
avec méthode	methodically
avec entrain	cheerfully
avec impatience	impatiently
avec succès	successfully

● Note that if the abstract noun is qualified by an adjective, **un** or **une** is used with the noun:

avec **un** plaisir évident   with obvious pleasure
avec **une** impatience grandissante   with increasing impatience

ii. By using one of the following phrases:

de façon + adjective
d'une façon + adjective
de manière + adjective
d'une manière + adjective

Le nombre de morts sur les routes a augmenté **de façon spectaculaire**.
The number of people killed on the roads has gone up dramatically.

L'État a répondu **de façon positive** aux problèmes de l'encombrement des routes françaises.
The State responded positively to the problems of overcrowding on French roads.

B Use the nouns and adjectives given below to express these English adverbs.

1 angrily	**4** convincingly	**7** sympathetically
2 decisively	**5** lovingly	**8** efficiently
3 patiently	**6** impressively	

la sympathie	la patience	convaincant
la colère	efficace	impressionnant
l'amour	décisif	

5.9   verbs + infinitive
vous auriez dû vous arrêter   on doit apprendre apprendre à bien conduire   vous devriez ralentir n'allez pas penser

- Remember that when verbs are followed by an infinitive, some need **just the infinitive**, others need **de + infinitive**, and others need **à + infinitive**. Make a point of noting down from your reading and listening which construction particular verbs take when used with an infinitive. Look at these examples:

Il veut acheter une voiture.
He wants to buy a car.

Elle a décidé d'apprendre à conduire.
She has decided to learn to drive.

Elle a commencé à prendre des leçons.
She has begun to have lessons.

(See pages 64, 72 and 174 for more information on verbs + infinitive.)

- Look through the list below. Then cover it up and test yourself by writing out the correct version of the sentences that follow.

devoir	– to have to
il vaut mieux	– it is better to
il faut	– it is necessary to
laisser quelqu'un faire . . .	– to let someone do . . .
savoir	– to know how to
apprendre à	– to learn to
continuer à	– to continue to
hésiter à	– to hesitate to
penser à	– to think about doing . . .
consister à	– to consist in doing . . .
commencer à	– to begin to
avoir tendance à ⎫ tendre à ⎭	– to tend to
essayer de	– to try to
éviter de	– to avoid doing . . .
manquer de	– to fail to

oublier de	– to forget to
il suffit de	– it is enough to
cesser de	– to stop doing . . .
il s'agit de	– it is a question of doing . . .
risquer de	– to be liable to

Complete what the instructor says by filling in the gaps with **à** or **de** where necessary.

1 Tu dois _____ faire attention tout le temps.
2 Il vaut mieux _____ démarrer lentement.
3 Apprends _____ utiliser ton rétroviseur tout le temps.
4 Continue _____ conduire comme ça une fois que tu auras le permis.
5 N'hésite pas _____ freiner tout de suite si tu vois des problèmes devant toi.
6 La bonne conduite consiste _____ savoir _____ s'adapter aux conditions changeantes.
7 Pense _____ changer de vitesse avant d'arriver au carrefour.
8 Il faut _____ commencer _____ penser aux problèmes comme si tu conduisais tout seul.
9 Essaie _____ être un conducteur responsable.
10 Évite _____ conduire trop rapidement.
11 Ne manque pas _____ vérifier souvent ta vitesse.
12 N'oublie pas _____ regarder derrière toi avant d'ouvrir la portière.
13 Il ne suffit pas _____ conduire comme si tu étais tout seul sur la route.
14 Laisse _____ les autres _____ te dépasser s'ils le veulent.
15 Cesse _____ penser que tu es un pilote de course! Sinon tu risques _____ avoir un accident.
16 Il s'agit _____ arriver à sa destination sain et sauf.
17 Les jeunes ont tendance _____ conduire trop rapidement.

Now check your answers and learn the verbs you didn't get right.

■ ■

Unit 6

Meeting people and talking about acquaintances

Quelle bonne surprise! Quel plaisir de te retrouver ici!

Sophie is French and Julie is British. They worked together in Brussels for a time and now meet again by chance in Paris.

Sophie:	Julie! Quelle bonne surprise! Quel plaisir de te retrouver ici à Paris! Et tu as si bonne mine! Tu es à Paris depuis longtemps?	6.1; 6.10 6.3; 6.6; 6.10 6.12
Julie:	Depuis deux mois. J'ai essayé de te téléphoner mais on m'a dit que tu avais déménagé.	6.12; 6.3; 6.6 6.3; 6.6
Sophie:	Oui, c'est vrai. J'ai un nouvel appartement place d'Italie.	6.10; 6.11

Julie:	Et moi, j'habite un bel appartement à	6.10; 6.11
	République que mon amie Françoise m'a	6.3; 6.6; 6.9
	prêté.	
Sophie:	Alors tu es restée à Bruxelles combien de	
	temps?	
Julie:	J'ai continué à travailler chez Unilever	
	pendant six mois, puis je suis venue à	6.12
	Paris.	
Sophie:	Et que fais-tu à Paris?	
Julie:	J'y travaille comme secrétaire et j'écris	6.5; 6.6
	aussi des articles sur le nouveau Paris.	6.11
Sophie:	Et tu vas y rester pour combien de temps?	6.5; 6.6; 6.12
Julie:	J'y reste encore deux ou trois semaines. Je	6.5; 6.6
	dois finir mes articles sur Paris.	6.9
Sophie:	Et ton travail va bien?	6.9
Julie:	Oui. Mon patron est très exigeant sur le	6.9; 6.10
	plan professionnel, mais c'est un homme	6.10; 6.13
	sympathique. Je m'entends très bien avec	6.10; 6.7
	lui et avec sa femme aussi. Je les aime	6.9; 6.2; 6.6
	bien. Ils m'invitent chez eux une fois par	6.3; 6.6; 6.7
	semaine parce qu'ils aiment parler	
	anglais. Leurs enfants aussi. Leur fille est	6.9; 6.9
	étudiante en droit et leur fils est très doué	6.9; 6.10
	pour la musique. Il est très intéressant de	6.6; 6.10
	leur parler en anglais . . . Tout va bien	6.4
	pour toi aussi?	6.7
Sophie:	Ah oui. J'ai une bonne nouvelle à	6.8
	annoncer. Je vais épouser Thomas	
	Lemonnier. Tu connais Thomas?	
Julie:	Bien sûr que je le connais. C'est lui qui	6.2; 6.6
	nous a emmenées une fois à Ostende en	6.3; 6.6
	voiture. Dis-lui bonjour! Toutes mes	6.4; 6.6; 6.9
	félicitations! Je peux t'offrir quelque chose	6.3; 6.6; 6.8
	à boire?	
Sophie:	C'est gentil. Mais je dois te quitter pour	6.10; 6.3; 6.6
	l'instant. J'ai du travail à faire cet après-	6.8
	midi. Mais on pourrait se revoir un soir.	
Julie:	Quelle bonne idée! . . Donne-moi ton	6.1; 6.6; 6.9
	numéro de téléphone. Alors vendredi soir	
	peut-être, si tu n'as rien de spécial à faire.	6.8

6.1   expressing emotion using quel
quelle bonne surprise!   quel plaisir!   quelle bonne idée!

- You are probably used to the word **quel**, as used in questions to translate **what** or **which** (see also page 80). Remember that it has to agree with the noun and has four forms, depending on whether the noun is masculine or feminine, singular or plural.

  Quel temps fait-il? (m.s.)
  What's the weather like?

  Quelle heure est-il? (f.s.)
  What time is it?

  Quels sports aimes-tu? (m.pl.)
  What sports do you like?

  Quelles matières préfères-tu? (f.pl.)
  Which subjects do you prefer?

- These same words can be used in exclamations:

  Quel plaisir de te revoir!
  What a treat to see you again!

  Quelle coïncidence!
  What a coincidence!

  Quels beaux appartements!
  What lovely flats!

  Quelles belles photos!
  What beautiful photos!

- Note that the French pattern is slightly different from the English:

  Quel dommage!   What **a** pity!
  Quelle catastrophe!   What **a** disaster!

A Give the French for the following exclamations.

1 What a good idea!   **3** What a nice man!
2 What a lovely surprise!   **4** What a lovely day!

B Turn the following rather flat sentences into enthusiastic comments. Use **quel**, **quelle**, **quels**, or **quelles**, as appropriate.

1 C'est une bonne nouvelle.
2 C'est un enfant intelligent.
3 C'est une jolie robe.
4 C'est un bel appartement.
5 C'est un costume élégant.
6 C'est une belle ville.
7 Ce sont des filles charmantes.
8 Ce sont de beaux magasins.

■ ■

6.2 direct object pronouns: le, la, les
je les aime bien   je le connais

- **Le**, **la** and **les** can mean **the**, and when used as articles they come before the noun, for example, **le** rugby, **la** télévision, **les** documentaires.

- **Le**, **la** and **les** can also be used as direct object pronouns, meaning **it**, **him**, **her** or **them**. Look at these examples:

i. When referring to things: **le/la** = **it**, **les** = **them**.
Tu aimes le rugby? Do you like rugby?
Non, je **le** déteste. No, I hate it.

Tu regardes souvent la télévision? Do you watch television a lot?
Oui, je **la** regarde tous les soirs. Yes, I watch it every evening.

Tu aimes les documentaires? Do you like documentaries?
Non, je ne **les** aime pas. No, I don't like them.

ii. When referring to people: **le** = **him**, **la** = **her**, **les** = **them**.

Pierre? . . . Je **le** rencontre quelquefois à la gare.
Pierre? . . . I sometimes meet him at the station.

Danièle? . . . Je **la** vois une fois par semaine.
Danièle? . . . I see her once a week.

Anne et Marc? . . . Je **les** connais assez bien.
Anne and Marc? . . . I know them fairly well.

- Note that in French the pronoun comes before the verb, whereas in English the pronoun comes after the verb.

Sophie seems keen to learn all about Julie's life. Answer Sophie's questions for Julie, using a pronoun (**le**, **la** or **les**) to replace the underlined word.

1 – Tu vois souvent <u>tes parents?</u>
    – Non, je _____ vois tous les trois mois.

2 – Tu invites <u>tes amis</u> à dîner de temps en temps?
    – Je _____ invite très rarement.

3 – Tu connais <u>Françoise</u> depuis longtemps?
    – Non, je _____ connais depuis un an seulement.

4 – Tu vois souvent <u>François?</u>
    – Oui, je _____ vois presque tous les jours.

5 – Tu t'entends bien avec <u>la femme de ton patron?</u>
    – Oui, je _____ aime bien.

6 – Tu consultes <u>ton patron</u> au sujet des articles que tu écris?
    – Oui, je _____ consulte de temps en temps.

7 – Tu connais <u>Thomas</u> depuis combien de temps?
    – Je _____ connais depuis cinq ans.

8 – Tu aimes <u>les Français?</u>
    – Je crois plutôt que je _____ admire.

J'ai essayé de te parler!

6.3   the personal pronouns: me, te, nous, vous

quel plaisir de te retrouver ici   j'ai essayé de te téléphoner
on m'a dit   Françoise m'a prêté   ils m'invitent
c'est lui qui nous a emmenées   je peux t'offrir
je dois te quitter

- It is important to remember that

me	means **me**	and	**to me,**
te	means **you**	and	**to you,**
nous	means **us**	and	**to us,**
vous	means **you**	and	**to you.**

Here are some examples of the double use:

Mes amis **m'**invitent à passer la soirée chez eux.
My friends invite me to spend the evening with them.

Françoise **m'**a prêté son appartement.
Françoise has lent her flat to me.

Je suis content de **te** retrouver ici à Paris.
I'm pleased to see you again in Paris.

J'ai essayé de **te** parler.
I tried to speak to you.

- Look at the following examples. Think of the two meanings of **me** and **te**.

Julie is talking about her boss:
Mon patron **me** connaît bien.
Il **me** comprend.
Il **me** parle souvent de son enfance à Paris.
Il **me** décrit les quartiers qu'il connaît bien.
Il **m'**encourage à finir mes articles sur Paris.

Julie is talking to Sophie about her boyfriend Thomas:
Il est évident que Thomas **t'**aime beaucoup.
Il **te** téléphone tous les soirs.
Il **te** donne des fleurs et des cadeaux de temps en temps.
Il **t'**invite à sortir presque tous les week-ends.
Il **t'**emmène souvent au cinéma ou au théâtre.
Tu as de la chance, toi!

Julie and Sophie are discussing going to the theatre. At the
moment their conversation is incomplete. Add **me** and **te** so that it
makes sense. Take special care with the position of **me** and **te**. (See
page 115 for notes on the position of pronouns.)

Julie:	Thomas emmène souvent au théâtre?
Sophie:	Oui, de temps en temps. Il contacte au cours de la journée pour voir si une pièce intéresse. Puis il vient chercher au bureau vers six heures.
Julie:	On voit bien que Thomas gâte! Il doit aimer beaucoup!
Sophie:	Et tes amis, ils ne invitent jamais à aller au théâtre?
Julie:	Non, ils invitent à aller au cinéma ou au restaurant mais ils refusent de accompagner au théâtre. Ils demandent tout le temps pourquoi le théâtre intéresse et ils refusent de croire quand je dis qu'un vrai spectacle passionne beaucoup plus qu'un film.
Sophie:	Alors moi, je invite à venir avec nous la prochaine fois. Thomas sera très content de emmener au théâtre, je le promets!

Dis-lui bonjour!

6.4 lui and leur
il est très intéressant de leur parler   dis-lui bonjour!

- **lui** means **to him, to her,** or **to it.**
  leur means **to them.**

- Look at these examples:

  Je **lui** ai parlé hier soir.
  I spoke to him/her last night.

  Elle **leur** parle en anglais.
  She speaks to them in English.

 A Replace the underlined sections in the sentences below with the appropriate pronoun. Watch the position of the pronoun. (See page 115 for position of pronouns.)

1 Je parle <u>aux jeunes</u> de toutes sortes de choses.
2 J'ai montré les articles <u>à mon patron</u>.
3 Je veux donner un cadeau <u>aux Ricard</u>.
4 Je vais téléphoner <u>à mes parents</u> ce soir.
5 Dis bonjour <u>à Thomas</u> de ma part!
6 Demande <u>à ton patron</u> de te donner un jour de congé!

■ ■

- Be especially careful with sentences where the **to** idea is omitted in English. For example: I sent **him** the photos means I sent the photos **to him.** The French version must always be: Je **lui** ai envoyé les photos.

B Translate these sentences into French.

1 I offered them the tickets.
2 I asked him to ring me.
3 I told them I was busy.
4 I gave her my telephone number.

■ ■

6.5   y and en
j'y travaille   tu vas y rester   j'y reste

- The pronoun **y** means **there** and is used to replace expressions containing **à + place** or **en + country**:

  - Tu vas **au travail** en auto?
  - J'**y** vais en métro.

- The pronoun **en** means **some** or **of it/of them** and is used to replace expressions containing **du, de la, de l', des**, or just **de**, or **nouns with a number** or **beaucoup** (and similar structures):

  - Tu as trouvé **du travail** facilement?
  - Non, j'**en** ai cherché pendant près d'un mois.

> The answers to the questions below are incomplete. Complete the answers by adding **y** or **en**, as appropriate.

1 – Tu as écrit des articles sur Paris?
  – Oui, j'ai écrit plusieurs.
2 – Tu vas souvent au cinéma?
  – Je vais deux fois par mois en moyenne.
3 – Tu habites à Neuilly depuis longtemps?
  – J'habite depuis deux mois seulement.
4 – Ton patron a des enfants?
  – Oui, il a deux.
5 – Il y a combien d'employés dans le bureau?
  – Il y a une dizaine.
6 – Tu vas rester longtemps en France?
  – Je vais rester encore plusieurs mois.
7 – Tu vas écrire une série d'articles?
  – J'espère écrire six.
8 – Tu as passé combien de temps à Bruxelles?
  – J'ai passé un an et demi.

6.6 the position of pronouns

quel plaisir de te retrouver   j'ai essayé de te téléphoner
on m'a dit   Françoise m'a prêté   j'y travaille
tu vas y rester   j'y reste   je les aime bien   ils m'invitent
il est très intéressant de leur parler   je le connais
c'est lui qui nous a emmenées   dis-lui bonjour!
je peux t'offrir   je dois te quitter
donne-moi ton numéro de téléphone

- Look at the position of the pronouns in these sentences:

On **m'**a dit que tu avais déménagé.
They told me you had moved.

J'**y** travaille comme secrétaire.
I work there as a secretary.

Ils **m'**invitent chez eux une fois par semaine.
They invite me to their home once a week.

Bien sûr que je **le** connais.
Of course I know him.

Ils **nous** a emmenées à Ostende.
He took us to Ostende.

Note that the pronouns come just before the verb in each case.

- The above rule applies in all cases, except with positive commands, i.e. when you tell someone to do something. Pronouns then follow the verb. Look at these examples:

Téléphone à tes parents ce soir!/Téléphone-**leur** ce soir!
Phone them this evening!

Dis à ton patron que tu as besoin de quelques jours de congé!/
Dis-**lui** que tu as besoin de quelques jours de congé!
Tell him that you need a few days off!

Allez à l'agence demain!/Allez-**y** demain!
Go there tomorrow!

Montre-**nous** les articles!
Show us the articles!

- Note that **me** becomes **moi** and **te** becomes **toi** when used after a positive command. So **Give me your telephone number** is not Donne-**me** ton numéro de téléphone! but Donne-**moi** ton numéro de téléphone!

◤ A Rewrite the following sentences, replacing the underlined words with the appropriate pronouns and putting them in the correct place.

1 Je travaille à Paris comme secrétaire.
2 Invite aussi tes amis à venir!
3 J'ai dit au patron que je serais un peu en retard.
4 Demande à Thomas de me téléphoner!
5 Je connais Julie depuis longtemps.
6 Regarde ces articles!
7 J'ai passé un an à Bruxelles.
8 Allons au cinéma vendredi soir!
9 Dis aux jeunes de parler français!
10 Habituellement, je parle à leurs enfants en anglais.

■■■■■■■■■■■■■■■■■■■■■■■■■■

- Sometimes there are two verbs, as in the following examples:

Tu **vas y rester** pour combien de temps?
Je **peux t'offrir** quelque chose à boire?
Je **dois te quitter** bientôt.
On **pourrait se revoir** un soir.

If there are two verbs, the pronoun goes immediately **before the infinitive.**

Je peux t'offrir quelque chose à boire?

B Rephrase these sentences, using the correct form of **devoir +
infinitive** instead of the imperative form.

1 Téléphone-lui ce soir! Tu dois _____
2 Montre-leur ce que tu as écrit! Tu dois _____
3 Explique-moi exactement ce que tu veux faire!
   Tu dois _____
4 Demande-lui de te donner quelques jours de congé!
   Tu dois _____
5 Donne-moi ta nouvelle adresse! Tu dois _____
6 Dis-leur que tu veux rester à Paris! Tu dois _____

■ ■

- Sometimes there is more than one pronoun in a sentence. Look at
  these examples:

  – Il **te l**'a dit? He told you so?
  – Oui, il **me l**'a dit hier soir. Yes, he told me yesterday evening.

  – Il **vous l**'a dit? He told you so?
  – Oui, il **nous l**'a dit hier soir. Yes, he told us yesterday evening.

  – Je **le lui** ai expliqué. I explained it to him.
  – Je **le leur** ai expliqué. I explained it to them.

  – Combien d'élèves y a-t-il dans le groupe? How many pupils are
    there in the group?
  – Il **y en** a 43. There are 43.

  – Tu lui as donné des billets? Have you given him some tickets?
  – Oui, je **lui en** ai donné cinq. Yes, I've given him five.

- This table shows the sequence when two pronouns are used
  together:

1	2	3	4	5	6
me					
te	le	lui			
se	la	leur	y	en	**verb**
nous	les				
vous					

⤻ C This dialogue took place when Sophie moved into her new flat. As it stands, it is incomplete. Complete what was said by placing the pronouns supplied in brackets in the correct order and position. (Don't forget that **me, te, se, le, la** change to **m', t', s', l'** before a vowel.)

Sophie:	Bonjour, madame. Les clefs de l'appartement de Mlle Prévost, vous pouvez donner (LES, ME)?
Concierge:	Les clefs? Je peux donner une (EN, VOUS), mais il a trois (EN, Y).
Sophie:	Vous devez donner au moins deux (ME, EN) puisque nous serons deux à y habiter.
Concierge:	Deux?
Sophie:	Mais oui, Mlle Prévost ne a pas dit (LE, VOUS)? Mon fiancé et moi. La deuxième clef, je vais donner (LUI, LA).
Concierge:	Alors je peux donner deux (VOUS, EN). Et le loyer, vous allez verser maintenant (LE, ME)?
Sophie:	Non. Mlle Prévost ne a pas dit (VOUS, LE)? Je vais envoyer le premier du mois (LE, LUI).
Concierge:	Ah bon.
Sophie:	Et les clefs, madame, vous allez chercher (LES, ME)? Je suis pressée.
Concierge:	Mais oui, madame. Tout de suite.

■ ■

6.7 pronouns used with prepositions (chez moi, avec eux)
avec lui **chez eux** **pour toi**

● Look at the use of pronouns used with prepositions in the following examples from the dialogue:

Ils m'invitent **chez eux**.
Je m'entends bien **avec lui**.
Il est intéressant de parler **avec eux**.
Tout va bien **pour toi** aussi?

- Note that the pronouns **lui, eux, toi,** are used after a preposition. Other examples you may already know are with the preposition **chez: chez moi, chez nous.**

  The full list of these pronouns is as follows:

moi	toi	lui	elle	nous	vous	eux	elles

These pronouns can be used with prepositions like **avec** (with), **chez** (at the house of), **pour** (for), **après** (after), etc.

Rephrase what Julie says using the appropriate pronoun from the list above.

1 Je vais souvent à leur appartement.
   Je vais souvent chez _____ .
2 Il vient souvent me rendre visite.
   Il vient souvent chez _____ .
3 J'ai de bons rapports avec mon patron.
   Je m'entends bien avec _____ .
4 Il nous a accompagnées à Ostende.
   Il est allé à Ostende avec _____ .
5 J'aime beaucoup être en leur compagnie.
   J'aime beaucoup être avec _____ .
6 On pourrait organiser une soirée dans ton appartement?
   On pourrait organiser une soirée chez _____ ?
7 Nous sortons ensemble quelquefois le soir, Sophie et moi.
   Je sors quelquefois le soir avec _____ .
8 Je leur parle pendant des heures.
   Je passe beaucoup de temps à parler avec _____ .

■■■■■■■■■■■■■■■■■■■■■■■■■■■

- Note that these same pronouns are used for emphasis. Here are a few examples:

  Moi, j'habite un bel appartement à Neuilly.
  Et **toi,** tu vas bien?
  Tu as bonne mine, **toi** aussi.
  Et **nous,** qu'est-ce que nous allons faire?
  C'est **lui** qui nous a emmenées à Ostende.
  Ce sont **eux** qui m'ont invitée à passer la soirée chez eux.

6.8   nouns + à + infinitive

j'ai une bonne nouvelle à annoncer   quelque chose à boire
j'ai du travail à faire   rien de spécial à faire

● Look at these examples. What do they have in common?

J'ai une bonne nouvelle à annoncer.
I've got some good news to tell.

Je peux t'offrir quelque chose à boire?
Can I get you something to drink?

Je n'ai rien de spécial à faire ce soir.
I've got nothing in particular to do this evening.

Nouns or words like quelque chose, quelqu'un, (ne . . .) rien,
(ne . . .) personne, beaucoup, trop **are followed by à +** **infinitive.**

Rephrase the following sentences so that they follow the pattern
of the examples given above.

1 Je veux te dire quelque chose d'important.
   J'ai _____
2 Je dois faire beaucoup de travail ce soir.
   J'ai _____
3 Je dois préparer le dîner.
   J'ai _____
4 On m'a demandé d'écrire des articles sur le nouveau Paris.
   J'ai _____
5 Je dois interviewer deux personnes.
   J'ai _____
6 Je suis libre vendredi soir.
   Je n'ai rien _____ vendredi soir.
7 Tu veux boire quelque chose?
   Tu veux _____ ?
8 Tu as faim?
   Tu veux que je prépare _____ ?

■■■■■■■■■■■■■■■■■■■■■■■■

6.9   possessive adjectives

mon amie	mes articles	ton travail	mon patron
sa femme	leurs enfants	leur fille	leur fils
mes félicitations	ton numéro de téléphone		

- The French for **my** is **mon, ma** or **mes:**

  My job is **mon emploi** (un emploi), **my company** is **ma compagnie** (une compagnie) and **my colleagues** is **mes collègues** (des collègues).

A Try these examples. Put the correct form **mon, ma** or **mes** with the words below.

1 le salaire
2 la feuille de paie
3 le compte en banque
4 les économies

5 la carte de crédit
6 le carnet de chèques
7 les dépenses
8 le portefeuille

■■■■■■■■■■■■■■■■■■■■■■■■■■■■

- The French for **your** is **ton, ta,** or **tes; his, her** or **its** is **son, sa** or **ses.** Look at these examples:

ton emploi	your job	**son** salaire	his/her salary
ta ville	your town	**sa** maison	his/her house
tes collègues	your colleagues	**ses** enfants	his/her children

- Note that with feminine words beginning with a vowel (or mute h) e.g. une amie, une adresse, une école, une équipe, une auto, une histoire, **mon** has to be used instead of **ma**. This is to avoid the sound gap there would otherwise be, between **ma** and the vowel which follows. For example:

  my car is not ma auto but **mon auto**
  my friend Françoise is not ma amie Françoise but **mon amie** Françoise.

  Similarly, **son** is used instead of **sa** and **ton** is used instead of **ta**.

  his/her school is not sa école but **son école**
  your address is not ta adresse but **ton adresse**.

B Fill the gaps with the correct form of **mon, ma** or **mes** to complete what Julie says about her job interview in Paris. Use the information given in this box to help you.

| un entretien   une enfance   une éducation |
| des études   une attitude   une expérience |
| des connaissances   une opinion   un emploi |
| des ambitions   une écriture |

_____¹ entretien? Ça s'est très bien passé. D'abord, on m'a posé beaucoup de questions sur _____² enfance et sur _____³ éducation, sur _____⁴ études et sur _____⁵ attitude vis-à-vis du monde du travail. J'ai parlé de _____⁶ expérience chez Unilever et de _____⁷ connaissances en matière d'informatique. On m'a demandé _____⁸ opinion sur _____⁹ emploi à Bruxelles. Enfin, j'ai parlé de _____¹⁰ ambitions pour l'avenir. J'ai fait bonne impression, je crois. C'est seulement _____¹¹ écriture qu'ils ont critiquée.

C Julie finds that suburban life is not as bad as she thought. Complete the text below with **son, sa** or **ses**. Use the information given in the box to help you.

| une arrivée   un lieu de travail   une amie   un appartement |

Avant _____¹ arrivée à Paris, _____² expérience de la vie de banlieue était limitée. À Bruxelles, elle habitait à proximité de _____³ lieu de travail et _____⁴ opinion était que la vie de banlieue était insupportable. Mais à Paris, _____⁵ amis et _____⁶ collègues lui ont expliqué les problèmes du logement et _____⁷ attitude a dû changer. Et maintenant qu'elle habite dans l'appartement que _____⁸ amie Françoise lui a prêté, _____⁹ opinion sur la vie de banlieue est tout à fait différente. _____¹⁰ nouvel appartement lui plaît beaucoup, _____¹¹ voisins de palier sont très aimables et elle peut sortir avec _____¹² amis le soir et rentrer chez elle sans difficulté.

■ ■

- The word for **our** in French is **notre** or **nos**; and **your** is **votre** or **vos**:

notre compagnie   our company
nos clients   our clients

votre patron   your boss
vos collègues   your colleagues

Use **notre/votre** if the noun is singular, and **nos/vos** if the noun is plural.

D Use the correct form, **notre**, **nos**, **votre** or **vos** to complete the following dialogue in which Julie talks to her boss and his wife about learning English.

Julie: J'ai l'impression que _____[1] enfants aiment parler anglais.
M. Ricard: Oui, nous avons toujours encouragé _____[2] enfants à apprendre les langues. _____[3] parents à nous n'avaient pas les moyens de nous envoyer à l'étranger et _____[4] éducation en a beaucoup souffert. Alors nous avons tout fait pour que _____[5] enfants puissent bénéficier de cette expérience.
Julie: Et _____[6] enfants aiment la Grande-Bretagne?
Mme Ricard: Oui, beaucoup. Ils sont toujours allés chez _____[7] amis anglais où ils ont été très bien accueillis.
Julie: Et il me semble que _____[8] maison est toujours ouverte à _____[9] amis anglais.
M. Richard: Nous sommes toujours prêts à accueillir _____[10] amis anglais. Comme ça, nous perfectionnons _____[11] connaissances de l'anglais et nous donnons aussi à _____[12] enfants l'occasion de parler anglais.

- Look at the following examples from the dialogue:

leur fils   **leur** fille   **leurs** enfants

You can see that there are only two ways of expressing the English idea of **their**: **leur** + singular noun and **leurs** + plural noun.

- Remember that **ses** never means their: **ses enfants** can mean only **his children** or **her children**.

E Use **leur** or **leurs** to complete what Julie says about her boss and his family.

Sa femme et lui aiment que _____¹ enfants viennent passer la soirée chez eux. _____² fils s'exprime bien en anglais mais _____³ fille est plus timide. Ils parlent de _____⁴ études et de _____⁵ copains et ils donnent _____⁶ opinions sur tous les sujets d'actualité. _____⁷ mère les écoute attentivement et semble partager _____⁸ idées, mais _____⁹ père au contraire n'accepte pas si facilement _____¹⁰ affirmations et il critique souvent _____¹¹ point de vue. Moi, je corrige quelquefois _____¹² erreurs mais _____¹³ anglais est assez correct et la plupart du temps, je me contente d'écouter _____¹⁴ conversation.

- **leur** or **leurs**? In English we tend to say: "A lot of women go out to work instead of staying at home and only looking after their husbands and families."
  The French, on the other hand, presume that each of the women has only one husband and one family. The French usage therefore tends to be: «Beaucoup de femmes travaillent à l'extérieur au lieu de rester à la maison pour s'occuper exclusivement de **leur** mari et de **leur** famille.»

F Translate these sentences into French.

1 Many Parisians leave their cars in the street.
2 A lot of Frenchmen like their wives to be at home when they come in! (Beaucoup de Français aiment que _____ soit à la maison quand ils rentrent!)
3 A lot of children make their beds in order to help their parents.
4 Very few people have time to tidy their houses before they go out in the morning.

6.10　agreement of adjectives
quelle　bonne　quel　vrai　nouvel　bel exigeant　professionnel　sympathique　doué intéressant　gentil　spécial

- Most adjectives follow the same pattern. For example:

masculine singular:	grand	feminine singular:	grand**e**
masculine plural:	grand**s**	feminine plural:	grand**es**

- There are several exceptions. Adjectives ending in **-e** in the masculine singular are the same in the feminine singular. The masculine and feminine plurals are the same. For example:

Il est **malade**.　Elle est **malade** aussi.
Ils sont **malades**.　Elles sont **malades** aussi.

- Adjectives ending in **-s** and **-x** are the same in the masculine singular and plural:

Il est **gros**.　Ils sont **gros**.
Il est **heureux**.　Ils sont **heureux**.

- A number of adjectives have irregular feminine forms. Several of them require a doubling of the consonant:

masculine form	feminine form	similar adjectives
bon	bonne	mignon, mignonne
gentil	gentille	pareil, pareille
naturel	naturelle	adjectives ending in **-el** e.g. essentiel, essentielle traditionnel, traditionnelle, tel, telle
net	nette	muet, muette
moyen	moyenne	adjectives ending in **-en** e.g. ancien, ancienne européen, européenne quotidien, quotidienne
gros	grosse	gras, grasse bas, basse épais, épaisse

- Adjectives ending in **-er** change to **-ère** in the feminine:

  cher, chère   premier, première   dernier, dernière

- Adjectives ending in **-f** change to **-ve** in the feminine:

  actif, active   vif, vive   sportif, sportive
  neuf, neuve

- Adjectives ending in **-eux** change to **-euse** in the feminine:

  heureux, heureuse   dangereux, dangereuse
  luxueux, luxueuse

- Adjectives ending in **-et** change to **ète** in the feminine:

  inquiet, inquiète   secret, secrète   discrèt, discrète
  complet, complète

- The following adjectives do not fall into a fixed pattern:

masculine form	feminine form	similar adjectives
blanc	blanche	franc, franche
frais	fraîche	
long	longue	
sec	sèche	
public	publique	
beau	belle	nouveau, nouvelle
vieux	vieille	
faux	fausse	
doux	douce	
fou	folle	mou, molle
favori	favorite	

- Note these irregular masculine plural forms:

  beau becomes **beaux**
  nouveau becomes **nouveaux**

- Most adjectives ending in **-al** change to **-aux** in the plural:

  social, sociaux   amical, amicaux   national, nationaux
  principal, principaux

Look carefully at the irregular feminine forms noted above. Then make the adjectives in brackets agree with the nouns they describe.

Nicole est une (VIEUX[1]) amie. C'est en fait une (ANCIEN[2]) élève de mon collège. Elle a toujours été très (GENTIL[3]) avec moi et au fond c'est une femme très (DOUX[4]). Mais depuis qu'elle travaille à Paris, elle mène une vie (PROFESSIONNEL[5]) très (ACTIF[6]) et elle est devenue plus (AGRESSIF[7]). Elle parle d'une voix plus (SEC[8]) qu'avant. Cela peut donner une (FAUX[9]) impression de sa personnalité. Il y a deux ans, sa mère est morte après une (LONG[10]) maladie et cela l'a rendue très (MALHEUREUX[11]). Quand je l'ai vue l'année (DERNIER[12]), elle paraissait presque (VIEUX[13]). Elle qui était assez (SPORTIF[14]), elle est devenue (GROS[15]). Elle travaille de (LONG[16]) heures au bureau et elle semble (INQUIET[17]) tout le temps. La vie qu'elle mène me semble peu (NATUREL[18]) et même un peu (FOU[19]). Je crois qu'une (NOUVEAU[20]) vie plus (ACTIF[21]) sur le plan social est (ESSENTIEL[22]) si elle veut retrouver son (ANCIEN[23]) verve.

■■■■■■■■■■■■■■■■■■■■■■■■■

6.11　the irregular adjectives: beau, nouveau, vieux
un nouvel appartement　　un bel appartement　　le nouveau Paris

- The adjectives **beau** (beautiful), **nouveau** (new) and **vieux** (old) have the following forms:

un **beau** quartier de **beaux** immeubles	une **belle** ville de **belles** places
un **nouveau** centre de **nouveaux** équipements	une **nouvelle** piscine de **nouvelles** maisons
un **vieux** village de **vieux** bâtiments	une **vieille** église de **vieilles** rues

- These three adjectives have a special form used only with nouns in the **masculine singular** beginning with a **vowel** or a mute **h**. This is to avoid the sound gap that would otherwise occur.
So instead of un beau hôtel it is **un bel hôtel**. Instead of un nouveau emploi it is **un nouvel emploi**. Instead of un vieux ami it is **un vieil ami**.

- Note that there is no problem with feminine words beginning with a vowel. There is no sound gap to cause problems. The following are correct: **une belle église**   **une nouvelle auto**   **une vieille école**

Alors, tu as un nouvel emploi?

Supply the correct form of **beau, nouveau** or **vieux** to complete this conversation between Sophie and Julie.

Julie: Tu voudrais habiter une (NOUVEAU[1]) maison en banlieue?

Sophie: Mais non, je préfère mon (NOUVEAU[2]) immeuble au centre de Paris. Alors, tu habites un (BEAU[3]) appartement à République? C'est dans un (NOUVEAU[4]) immeuble?

Julie: Non, c'est un (VIEUX[5]) immeuble. J'aime beaucoup le (VIEUX[6]) quartier où j'habite. Il y a de (BEAU VIEUX[7]) magasins et de (VIEUX[8]) rues. Je déteste les (BEAU[9]) places et les (NOUVEAU[10]) immeubles modernes qu'on construit un peu partout à Paris . . . Alors, tu as un (NOUVEAU[11]) emploi?

Sophie: Oui, dans une (NOUVEAU[12]) entreprise d'informatique.

6.12   how to translate **for** with expressions of time (pendant, depuis, pour)

tu es à Paris depuis longtemps   depuis deux mois
pendant six mois   combien de temps?

- **Pendant** is usually used to translate **for** meaning **time during which**:

Julie a travaillé à Bruxelles **pendant** un an.

Pendant is used with a past tense for completed actions, i.e. Julie worked in Brussels for a year, then she came to Paris.

- **Depuis** is used when the **action described is still going on**:

Julie travaille à Paris **depuis** deux mois.

The situation has started in the past and is still going on. Julie has been working in Paris over the last couple of months and is still working there. This is why the French use a **present tense** with **depuis.**

- **Pour** is used only when the period of time is later on in the future:

Julie va rester à Paris **pour** deux ou trois semaines.
Julie is going to stay on in Paris for two or three weeks.

A Choose between **pendant, depuis** and **pour** to complete these sentences correctly.

Julie et Sophie se connaissent _____[1] longtemps.
Elles ont travaillé ensemble _____[2] neuf mois à Bruxelles.
Sophie aime son nouvel appartement: elle y habite _____[3] un mois seulement.
Thomas et Sophie ont vécu ensemble _____[4] deux ans, puis Sophie est allée travailler à Bruxelles.
Thomas est toujours à l'université: il fait des études de médecine _____[5] cinq ans. Après cela, il va travailler dans un hôpital _____[6] deux ans. Avant d'aller à l'université, il a fait son service militaire _____[7] un an.
Après leur mariage, Sophie et Thomas vont continuer à habiter Paris _____[8] deux ou trois ans.

B Depuis needs particular attention. What will the form of the verb be in the following sentences?

1 Julie (CONNAÎTRE) Sophie depuis bientôt deux ans.
2 Elle (ÊTRE) à Paris depuis deux mois.
3 Elle (TRAVAILLER) pour M. Ricard depuis six semaines.
4 Elle (HABITER) chez Françoise depuis deux mois.
5 Elle (ÉTUDIER) le français depuis longtemps.
6 Elle (APPRENDRE) l'italien depuis plus d'un an.

C Translate the above sentences into English.

■ ■

6.13   using c'est and ce sont with things and people
c'est un homme sympathique

- The use of **c'est** and **ce sont** seems natural when applied to things. For example:

  C'est une école mixte.   It's a mixed school.

  Ce sont des bureaux très chic.   They are very smart offices.

- The same construction, however, can be used for talking about people:

  C'est un garçon sérieux.   He's a serious boy.
  C'est une jolie fille.   She's a pretty girl.

  Ce sont des parents très gentils.   They are very kind parents.
  Ce sont de bons amis.   They are good friends.

- Note that when using the plural version, it is either ce sont **de** . . . or ce sont **des** . . ., depending on the position of the adjective. (See page 48 for notes on **de** and **des**.)

Rephrase these sentences using **c'est un** . . . or **c'est une** . . .

1 Cette fille est très sportive.
2 Ce garçon est très intelligent.
3 Cet homme est travailleur.
4 Cette femme est très énergique.
■ ■

Unit 7

Expressing choice and preference

Mme Hénin manages to find a flat in the inner suburbs of Paris with the help of a sympathetic estate agent.

	At the estate agent's . . .	
Mme Hénin:	Je cherche un appartement à louer dans ce	7.7
	quartier. Naturellement, je préférerais	7.4
	quelque chose de pas trop cher.	7.3
Agent:	J'ai exactement ce que vous cherchez,	
	madame. Voici les plans de deux	
	appartements. . . Lequel préférez-vous?	7.8
	Celui-ci est un peu plus grand mais il est	7.7
	au cinquième étage et il n'y a pas	7.1
	d'ascenseur.	
Mme Hénin:	Et celui-là?	7.7
Agent:	Celui-là est au troisième. Cet	7.7; 7.6
	appartement n'est pas cher, 4 000 francs	
	par mois seulement.	
Mme Hénin:	4 000 francs! On n'est pas assez riche pour	7.3
	payer un tel loyer. Si on avait autant	7.5; 7.1
	d'argent, on pourrait louer un	7.4
	appartement en plein centre!	
Agent:	Puisque vous travaillez dans Paris, cet	7.6
	appartement serait idéal pour vous. Il y a	7.4
	plusieurs stations de métro à proximité.	7.2
Mme Hénin:	Mais on ne pourrait jamais payer un tel	7.4
	loyer.	
Agent:	Je pourrais demander au propriétaire s'il	7.4
	serait prêt à accepter un rabais. On a eu	7.4
	tant de problèmes avec les derniers	7.1

On a eu tant de problèmes avec les derniers locataires!

	locataires. Quand ils ont quitté	
	l'appartement, il y avait <u>énormément de</u>	7.1
	<u>dégâts.</u> Il y avait <u>de la peinture</u> sur le	7.1
	plancher, il y avait <u>des taches</u> de vin rouge	7.1
	sur les murs et <u>de l'eau</u> partout dans la	7.1
	salle de bains.	
Mme Hénin:	Moi, <u>je serais très contente de louer</u>	7.4; 7.5
	<u>l'appartement si le loyer était</u> moins	
	élevé. . .	
	In the flat . . .	
M. Hénin:	Que penses-tu de <u>cet appartement?</u>	7.6
Mme Hénin:	Je <u>préférerais celui de la rue de Fontenay,</u>	7.4; 7.7
	<u>celui que nous avons visité</u> hier soir.	7.7
M. Hénin:	Ah oui, <u>celui qui donnait</u> sur le bois de	7.7
	Vincennes.	
Mme Hénin:	Oui, <u>celui-là</u> m'a beaucoup plu mais le	7.7
	loyer était <u>beaucoup trop élevé.</u> J'aime	7.3; 7.7
	bien <u>celui-ci.</u>	
M. Hénin:	Bon, je crois qu'<u>on ne trouverait rien</u> de	7.4
	mieux à ce prix. Téléphonons à l'agence	
	tout de suite.	

7.1   how to express quantity with de
il n'y a pas d'ascenseur   autant d'argent tant de problèmes   énormément de dégâts   de la peinture des tâches   de l'eau

- You are probably aware of the following patterns:

le vin	→	**du** vin	some wine
la bière	→	**de** la bière	some beer
l'eau	→	**de** l'eau	some water
les bouteilles	→	**des** bouteilles	some bottles

- It is, however, still difficult when in English the word **some** is left out. How would you translate the following sentence?

  "With their pocket-money young people buy records, clothes and drinks."

  You might say:

  «Avec leur argent de poche, les jeunes achètent **les** disques, **les** vêtements et **les** boissons»,

  This means that each young person buys specific records, clothes and drinks or all the records, clothes and drinks that are available, which is not the case. Each person only buys a certain number of records, clothes and drinks. The sentence should read:

  «Avec leur argent de poche, les jeunes achètent **des** disques, **des** vêtements et **des** boissons.»

- There are two occasions when **du, de la, de l'** and **des** are replaced by **de:**

  i. After words like **beaucoup** (beaucoup de problèmes, beaucoup de bruit). The main expressions of quantity which follow the same pattern as **beaucoup** are:

     plus de (more)
     moins de (less)
     trop de (too many)
     assez de (enough)
     tant de (so much, so many)

autant de (as much, as many)
un peu de (a little)
peu de (very little)
pas mal de (quite a lot of)
un tas de (plenty of)
énormément de (a great deal of)

la plupart (most) does not follow this rule (see also page 138):
Most of the tenants is **la plupart des** locataires.
Most of the time is **la plupart du** temps.

ii. After a negative **du, de la, de l', des, un** and **une** are also
replaced by **de:**

– Il y a un concierge dans l'immeuble?
Is there a caretaker in the block of flats?
– Non, il n'y a pas **de** concierge.
No, there isn't a caretaker.

– Il y a des chiens dans l'immeuble?
Are there any dogs in the block of flats?
– Non, il n'y a pas **de** chiens.
No, there aren't any dogs.

● Be especially careful with words begining with a vowel. Don't make
the mistake of using **d'argent** to mean some money. The correct
form is **de l'argent.**

This full form must be used in all circumstances except, as is noted
above, when

i. there is an expression of quantity:

Ils ont **beaucoup d'argent.**
They have a lot of money

ii. it is used with a negative:

Je n'ai plus d'argent.
I have no more money.

A Complete what this caretaker has to say to a new tenant. Use **du, de la, de l', des, d'** or **de** as appropriate.

Les derniers locataires ont causé énormément _____[1] problèmes. Ils faisaient trop _____[2] bruit, ils faisaient _____[3] bruit tout le temps. La plupart _____[4] temps, il y avait trop _____[5] monde dans l'appartement. Ils faisaient tant _____[6] bruit que personne ne pouvait dormir. La plupart _____[7] locataires sont assez âgés et ils voulaient plus _____[8] calme. Les derniers locataires buvaient _____[9] bière aussi. Le matin, dans l'escalier, il y avait toujours beaucoup _____[10] canettes de bière. J'espère bien que vous ferez moins _____[11] bruit et que vous aurez plus _____[12] respect pour les autres locataires.

B The estate agent is showing Mme Hénin around a flat. Complete the dialogue by filling in the gaps with **un, une, du, de la, de l', des, de,** or **d'**, as appropriate.

Mme Hénin: Il y a _____[1] locataires au-dessus de nous?

Agent: Non, il n'y a pas _____[2] locataires au cinquième.

Mme Hénin: Nous avons _____[3] voiture. Est-ce qu'il y a _____[4] parking?

Agent: Non, il n'y a pas _____[5] parking.

Mme Hénin: Il y a _____[6] ascenseur dans l'immeuble?

Agent: Non, il n'y a pas _____[7] ascenseur non plus.

Mme Hénin: On emploie _____[8] concierge?

Agent: Non, on n'emploie pas _____[9] concierge. On n'a jamais eu _____[10] concierge.

Mme Hénin: Et les poubelles? Il y a toujours _____[11] poubelles dans l'entrée?

Agent: Pas de problème, madame. On ne laisse jamais _____[12] poubelles dans l'entrée. Il y a _____[13] vide-ordures à chaque étage.

Mme Hénin: Il y a d'autres appartements à louer dans ce quartier? Je cherche _____[14] appartement pas trop cher.

Agent: Il y a _____[15] appartements, madame, mais il n'y a pas _____[16] appartements à prix modeste.

7.2 how to translate a few, several, some

plusieurs stations

- There are some adjectives indicating number or quantity that need to be learned: **quelques** (a few), **plusieurs** (several), **certain(e)s** (some). Since they are adjectives, they do not require **de**:

Nous pourrons inviter **quelques amis** a dîner.
We will be able to invite a few friends to dinner.

Il y a **plusieurs appartements** à vendre.
There are several flats for sale.

Certains locataires font beaucoup de bruit; d'autres sont plus calmes.
Some tenants make a lot of noise; others are quieter.

- Watch out for this use of **certain(e)s** meaning **some** as opposed to others. Quelques cannot be used in this sense. Quelques means a few.

Certains locataires font beaucoup de bruit.

- If you want to express the idea of **a few** when there is no noun to
  follow, use **quelques-uns** or **quelques-unes**:

  La plupart des appartements ont été vendus mais il y a **quelques
  appartements** qui sont toujours à vendre.
  Most of the flats have been sold but there are still a few flats for sale.

  La plupart des appartements ont été vendus mais il y en a
  quelques-uns qui sont toujours à vendre.
  Most of the flats have been sold but there are still a few for sale.

Complete the gaps in this text, using **quelques, quelques-uns,
quelques-unes, plusieurs, certain(e)s, la plupart** or **beaucoup,** as
appropriate. (Very occasionally, more than one will fit.)

_____¹ des locataires dans cet immeuble sont des gens
convenables mais il y en a _____² (cinq ou six ménages en tout)
qui causent _____³ de problèmes. _____⁴ font du bruit, d'autres
invitent _____⁵ d'amis et semblent parler très fort _____⁶ du
temps. _____⁷ familles (deux ou trois peut-être) se disputent à
tue-tête _____⁸ fois par semaine. _____⁹ soirs, ça continue
pendant _____¹⁰ heures. Mais comme j'ai déjà dit, _____¹¹ des
locataires ne dérangent personne. _____¹² locataires ne vous
disent même pas bonjour mais d'autres s'arrêtent pour vous parler
un peu. _____¹³ du temps, on n'a pas _____¹⁴ de choses à se dire
mais du moins on fait un effort.

7.3   trop and assez
pas trop cher   on n'est pas assez riche pour payer beaucoup trop élevé

- **Trop** (too) and **assez** (enough) take similar constructions:

    i. With an adjective:
       L'appartement est **trop** cher.
       The flat is too expensive.
       Cette chambre est **assez** grande pour les deux enfants.
       This room is big enough for the two children.

ii. With a noun:
Les locataires faisaient **trop de** bruit.
The tenants made too much noise.
Nous n'avons pas **assez de** place.
We don't have enough room.

iii. With an infinitive:
Cette pièce est **trop petite pour** servir de salle de séjour.
This room is too small to be used as the living room.
Nous ne sommes pas **assez riches pour** louer un appartement
en plein centre.
We aren't rich enough to rent a flat right in the centre.

Complete the rephrased sentences below, using **trop** or **assez**
. . . **pour** + **infinitive**, as appropriate.

1 Nous n'avons pas le temps de repeindre l'appartement.
Nous avons trop de travail _____
2 Les enfants sont trop jeunes: ils ne peuvent pas aller à l'école tout
seuls.
Les enfants sont trop _____
3 Les magasins sont trop loin de chez nous. Nous ne pouvons pas
y aller à pied.
Nous sommes trop loin des magasins _____
4 Nous n'avons pas les moyens de louer un appartement dans
Paris.
Nous n'avons pas assez _____
5 Nous n'allons jamais à Paris le soir. C'est trop loin.
Nous habitons trop loin de Paris _____
6 Acheter une maison en banlieue? Nous ne sommes pas si riches
que ça!
Nous ne sommes pas assez _____

7.4	the conditional tense

---

je préférerais   on pourrait   cet appartement serait idéal
on ne pourrait jamais   je pourrais   il serait   je serais
on ne trouverait rien

- You have probably already come across the conditional tense of the verb **vouloir: je voudrais (I would like)**. Similarly, **j'habiterais** means **I would live**, and j'achèterais means **I would buy**.

- To form the conditional tense, you need the **future stem of the verb** (see page 68) + **imperfect endings** (see page 39). Look at this example with the verb **aimer:**

  j'**aimerais**   I would like
  tu **aimerais**   you would like
  il/elle/on **aimerait** he/she/one would like
  nous **aimerions**   we would like
  vous **aimeriez**   you would like
  ils/elles **aimeraient** they would like

- There is only one set of endings, but there are some important irregular verbs you need to learn thoroughly. The stem used in the conditional tense is the same as the stem used in the future tense:

acheter	to buy	j'achèterais
aller	to go	j'irais
appeler	to call	j'appellerais
avoir	to have	j'aurais
devoir	to have to	je devrais
envoyer	to send	j'enverrais
être	to be	je serais
faire	to do/make	je ferais
jeter	to throw	je jetterais
se lever	to get up	je me lèverais
pouvoir	to be able to	je pourrais
savoir	to know	je saurais
venir	to come	je viendrais
voir	to see	je verrais
vouloir	to want	je voudrais

- Note also the following useful examples:

il faut	→	il faudrait	it would be necessary
il vaut mieux	→	il vaudrait mieux	it would be better

Mme Hénin would like to leave her small flat in central Paris and take her three children to live in the suburbs. She thinks about what her life would be like. Put the verbs in brackets into the conditional tense to complete what she says.

1 J'(HABITER) en banlieue.
2 J'(ACHETER) une petite voiture.
3 J'(APPRENDRE) à conduire.
4 Je (SORTIR) beaucoup plus le week-end.
5 Je (PROFITER) du soleil et du plein air.
6 Je (FAIRE) des promenades avec les enfants tous les jours.
7 Je ne (DEVOIR) pas surveiller les enfants tout le temps.
8 Je (POUVOIR) les laisser jouer dehors.
9 J'(ALLER) à la piscine avec les enfants.
10 Je (VOIR) mes voisines plus souvent.
11 J'(AVOIR) un bel appartement.
12 Je (ÊTRE) beaucoup plus heureuse.

Je ne sais pas si je voudrais vivre ici!

7.5   si clauses

si on avait autant d'argent, on pourrait
je serais très content de louer l'appartement si le loyer était

---

- In the following example, **si** means **if** in the sense of **provided that:**

  Nous louerons cet appartement **si** le loyer n'est pas trop élevé.
  We'll rent the flat if (provided that) the rent is not too high.

- When using **si**, these rules about which tenses to use have to be
  followed:

  i. **si + present tense + future tense:**

      Si je loue (PRESENT) cet appartement, **je pourrai** (FUTURE)
      arriver au bureau en 20 minutes.
      If I rent this flat, I'll be able to get to work in 20 minutes.

      (See pages 28–38 for present tense and pages 68–70 for future
      tense.)

Si j'avais plus d'argent . . .

ii. **si + imperfect tense + conditional tense:**

Si j'avais (IMPERFECT) plus d'argent, **j'achèterais** (CONDITIONAL) un appartement en banlieue.
If I had more money, I would buy a flat in the suburbs.

(See page 39 for imperfect tense and page 140 for the conditional.)

iii. **si + pluperfect tense + conditional perfect tense:**

Si j'avais su (PLUPERFECT) que les appartements seraient si chers à Paris, **j'aurais refusé** (CONDITIONAL PERFECT) la mutation.
If I had known that flats in Paris were going to be so expensive, I would have refused to change jobs.

(See page 152 for the pluperfect tense and see below for the conditional perfect.)

- Take special care to distinguish between the future and conditional endings, as they are so similar. Look at these examples with the verb **louer** (to hire):

future	conditional
je louerai	je louerais
tu loueras	tu louerais
il/elle/on louera	il/elle/on louerait
nous louerons	nous louerions
vous louerez	vous loueriez
ils/elles loueront	ils/elles loueraient

- The conditional perfect used in the final example above seems complicated but as its name suggests it is made up of the conditional tense of the **auxiliary verb** (avoir or être) + **the past participle,** for example:

acheter: **J'aurais acheté**
I would have bought
finir: **J'aurais fini**
I would have finished

- There is the complication of the être verbs, but the same rule applies:

aller:	**Je serais allé(e)**
	I would have gone
se lever:	**Je me serais levé(e)**
	I would have got up

(Remember that with être verbs, the past participle has to agree: **elle serait allée** – she would have gone.)

A Complete these sentences by putting the verb in brackets into the correct tense. Remember to check carefully the tense of the verb in the main clause.

1 Si je (TRAVAILLER) à Paris, j'habiterais dans la banlieue proche.
2 Si nous (LOUER) cet appartement, nous aurons beaucoup plus de place.
3 Si les enfants (AVOIR) une grande chambre, ils pourraient y faire leurs devoirs.
4 Je n'hésiterais pas à choisir cet appartement, si le loyer (ÊTRE) moins élevé.
5 Nous prendrons cet appartement, si le propriétaire (ACCEPTER) de baisser le loyer.
6 Si nous (HABITER) ici, je pourrais prendre le métro tous les jours.

B Complete the sentences below by putting the verb in brackets into the correct tense.

1 Si nous ne pouvons pas trouver un appartement en plein centre, nous (ESSAYER) d'acheter une maison en banlieue.
2 J'aimerais beaucoup habiter dans ce quartier si les loyers (ÊTRE) moins élevés.
3 Je serais prêt à louer l'appartement au cinquième étage si l'immeuble (AVOIR) un ascenseur.
4 Si nous (LOUER) cet appartement, nous pourrons économiser un peu d'argent.

● **si** meaning **whether** can be followed by any tense:

Je ne sais pas **si** nous avons les moyens d'acheter un tel
appartement.
I don't know if we can afford to buy a flat like that.

Je ne sais pas **si** je voudrais vivre ici.
I don't know if I would want to live here.

Je ne sais pas **si** j'aurais choisi de vivre en banlieue.
I don't know if I would have chosen to live in the suburbs.

● Note that **si** shortens to **s'** only when followed by **il** and **ils**:
s'il veut vivre. . .   **s'ils** veulent vivre. . .
but:
si elle veut vivre. . .   **si** elles veulent vivre. . .

● Note also that **si on** is sometimes changed to **si l'on**.

7.6   ce, cet, cette, ces
ce quartier   cet appartement

● To translate **this/that** use **ce, cet, cette**, and for **these/those** use **ces**.
Look carefully at these examples:

– Tu aimes le quartier où nous habitons?
  Do you like the area we live in?
– Oui, j'adore **ce** quartier.
  Yes, I love this area.

– Comment trouves-tu la pièce?
  What do you think of the room?
– J'aime beaucoup **cette** pièce.
  I like this room a lot.

– Alors, tu préfères les appartements modernes?
  Do you prefer modern flats?
– Ah oui, **ces** appartements sont très spacieux.
  Yes, these flats are very spacious.

- The rule is therefore:

le →	**ce**
la →	**cette**
les →	**ces**

- The form **cet** is used only with masculine words which begin with a vowel or a mute h, in order to avoid the sound gap that would be caused by ce.

ce + appartement → **cet** appartement
ce + immeuble → **cet** immeuble.

Fill in the correct form of **ce, cet, cette,** or **ces.**

1 _____ chambre serait idéale pour les enfants.
2 _____ immeubles sont très prestigieux.
3 _____ vieille cheminée est très belle.
4 _____ pièces sont beaucoup trop petites.
5 _____ supermarché vend tous les produits essentiels.
6 _____ maison à Versailles était beaucoup trop chère.
7 _____ agence est ouverte jusqu'à neuf heures.
8 Je n'aime pas _____ rideaux.
9 Quels appartements allons-nous visiter _____ après-midi?
10 _____ évier est en très mauvais état.
11 Il vaudrait mieux jeter _____ vieux tapis.
12 _____ agent connaît bien le quartier.

7.7 celui, celle, ceux, celles

celui-ci est un peu plus grand   et celui-là?
celui-là est au troisième   celui de la rue de Fontenay
celui que nous avons visité   celui qui donnait sur le bois
celui-là m'a beaucoup plu   j'aime bien celui-ci

- To translate the **one who/which, the ones who/which** use **celui qui/que, celle qui/que, ceux qui/que,** or **celles qui/que,** depending on whether what is being referred to is masculine, feminine, singular or plural. (See pages 52–3 for notes on using **qui** or **que.**)

Look at these examples:

- Quel appartement? (masculine singular) Which flat?
- **Celui qui** est au troisième étage.
  The one that's on the third floor.

- Quelle pièce? (feminine singular) Which room?
- **Celle qui** est à côté de la cuisine.
  The one that's next to the kitchen.

- Quels locataires? (masculine plural) Which tenants?
- **Ceux qui** sont au-dessous de nous.
  The ones that live down below.

- Quelles fenêtres? (feminine plural) Which windows?
- **Celles qui** donnent sur la rue.
  The ones that look out over the street.

A Complete the answers to the following questions by using **celui, celle, ceux** or **celles.**

1 Quelle fenêtre?   – _____ qui donne sur la cour.
2 Quels rideaux?   – _____ qui sont dans la salle de séjour.
3 Quel tapis?   – _____ qui est dans l'entrée.
4 Quel appartement?   – _____ que nous avons vu hier.
5 Quelles lampes?   – _____ que nous avons vues au BHV samedi.
6 Quels tableaux?   – _____ que tes parents nous ont donnés.

■■■■■■■■■■■■■■■■■■■■■■■■■

- **Celui, celle, ceux, celles** can also be used with **-ci** and **-là** to mean **this one** and **that one, these** and **those:**

Quel tissu préfères-tu? **Celui-ci** ou **celui-là?**
Which material do you prefer? This one or that one?

Quelle lampe préfères-tu? **Celle-ci** ou **celle-là?**
Which lamp do you like best? This one or that one?

Quels éléments préfères-tu? **Ceux-ci** ou **ceux-là?**
Which units do you prefer? These or those?

Quelles chaises préfères-tu? **Celles-ci** ou **celles-là?**
Which chairs do you like best? These or those?

- **Celui, celle, ceux, celles** can be used with **de** to mean **the one/the ones belonging to**.

  Quel appartement? – **Celui de** tes parents.
  Quelle cuisine?   – **Celle de** tante Marianne.
  Quels rideaux?   – **Ceux de** la salle de bains.
  Quelles chaises?   – **Celles de** la salle à manger.

- There is sometimes confusion between **cela (ça)** which conveys the idea of **this, that,** or **it** as a general idea and **celui, celle, ceux** and **celles** which all refer back to a particular noun that has been previously used. Remember that **celui, celle, ceux, celles** are always followed by one of the following patterns:

  i.   **-ci** or **-là**
  ii. **de, du, de la, de l',** or **des**
  iii. **qui** or **que**

  (For examples of these patterns, see above.)

B Use **cela** or **celui, celle, ceux, celles,** as appropriate in the following sentences.

1 Quel appartement préfères-tu? – _____ de la rue Monge.
2 Je n'aimerais pas vivre là. – _____ ne me plairait pas du tout.
3 Quelle pièce va servir de séjour? – _____ qui donne sur la place.
4 Tu veux chercher un appartement en banlieue? – Non, _____ ne m'intéresse pas.
5 Tu préférerais habiter un appartement près du centre? – Oui, _____ me permettrait de partir plus tard le matin.
6 Quel appartement est le moins cher? – _____ que nous avons visité mardi soir.

7.8   how to translate which. . .? and which one?
lequel préférez-vous?

- **Quel. . .?** (**which. . .?**) is an adjective and is therefore always used **with a noun.** It has four forms, according to whether the noun is masculine (m) or feminine (f), singular (s) or plural (pl):

Quel appartement?	(m. s.)	Which flat?
Quelle pièce?	(f. s.)	Which room?
Quels éléments?	(m. pl.)	Which units?
Quelles chaises?	(f. pl.)	Which chairs?

- **Lequel?** (**which one?**) is a pronoun and is therefore used **without a noun.** Its four forms are:

Lequel?	(m. s.)	Which one?
Laquelle?	(f. s.)	Which one?
Lesquels?	(m. pl.)	Which ones?
Lesquelles?	(f. pl.)	Which ones?

– J'ai visité l'appartement.	I visited the flat.
– L'appartement? **Lequel?**	The flat? Which one?
– Celui de la rue de Verdun.	The one in the rue de Verdun.
– J'aime bien ces chaises.	I quite like these chairs.
– **Lesquelles?**	Which ones?
– Celles qui sont dans le grenier.	The ones which are in the attic.

Use the correct form of **quel** or **lequel** to complete the following sentences.

1 _____ plantes vas-tu acheter pour la cuisine?
2 _____ des deux appartements préfères-tu?
3 _____ des pièces te semble préférable?
4 _____ pièce choisirais-tu pour la chambre des enfants?
5 _____ tableaux veux-tu mettre dans le salon?
6 Voici deux tissus. _____ préfères-tu?

■ ■

Unit 8

Expressing dissatisfaction

The Mermet family discuss the inadequate nouvelle cuisine meal they've just had at an expensive restaurant.

M. Mermet:	Quel désastre que ce repas! Ce n'était pas du tout ce que j'avais prévu.	8.1
Mme Mermet:	On aurait mieux mangé si on était resté à la maison.	8.3; 8.4; 8.1

On aurait mieux mangé si on était resté à la maison.

Michel:	On aurait certainement mieux mangé si	8.3; 8.4
	on était allé dans un restaurant fast-	8.1; 8.4
	food!	
M. Mermet:	N'exagérons pas, Michel! J'avais voulu	8.1
	vous offrir à tous quelque chose de	8.7; 8.10
	différent, quelque chose d'exceptionnel.	8.10
Michel:	Et c'était vraiment quelque chose de	8.10
	différent. Je n'ai jamais vu des portions si	8.8
	petites! Alors que si on avait mangé un	8.1; 8.4
	hamburger . . .! Il n'y a rien de plus	8.10
	appétissant!	
M. Mermet:	J'en ai assez de tes hamburgers! Mais une	
	chose est certaine: si on était allé dans un	8.1; 8.4
	restaurant fast-food, le repas aurait	
	coûté beaucoup moins cher!	
Mme Mermet:	Et le service laissait beaucoup à désirer. Le	8.8
	garçon était si maladroit et de si mauvaise	8.8; 8.2
	humeur. J'avais même l'impression qu' il	
	avait un peu trop bu.	8.1
M. Mermet:	Quand il m'a présenté l'addition, j'ai cru	
	qu'il s'était trompé. Cela m'étonne qu'on	8.1; 8.4; 8.6
	soit prêt à pratiquer de tels prix.	8.8
Michel:	Bon. Résumons! Personne n'a mangé à sa	8.9
	faim. Rien n'était satisfaisant. Ni la	8.9; 8.2
	cuisine ni le service n'étaient bons. Pour	8.2
	bien manger il vaudrait mieux aller chez	8.2; 8.3
	McDonald.	
Mme Mermet:	Ou bien rester chez soi et faire la cuisine	8.4
	soi-même.	8.4
M. Mermet:	Pour moi, la bonne cuisine traditionnelle	8.2
	est meilleure que cette nouvelle cuisine.	8.3
	En France, on mange de plus en plus mal.	8.4; 8.2
	Si on avait servi un repas si léger et	8.1; 8.4; 8.8
	présenté une addition si élevée il y a 20	8.8
	ans, on aurait refusé de la payer. Moi, je	8.4
	n'ai pas l'habitude de me plaindre, mais	8.5
	cette fois, je vais envoyer une lettre à la	8.7
	Chambre de Commerce.	
Michel:	Et la prochaine fois, on ira dîner dans un	8.4
	restaurant fast-food!	

8.1	**The pluperfect tense**

j'avais prévu   on était resté   on était allé
j'avais voulu   on avait mangé   il avait un peu trop bu
il s'était trompé   on avait servi

- The pluperfect tense is used to convey the idea of what someone **had done**. For example:

  M. Mermet était fâché parce qu'**il avait espéré** offrir à sa famille un repas exceptionnel.
  M. Mermet was annoyed because **he had hoped** to give his family a special treat.

- The pluperfect is formed by putting together the **imperfect of the auxiliary verb** (i.e. the imperfect of avoir or être) + **the past participle**. Look at the three basic forms below:

  M. Mermet **avait payé** très cher un repas médiocre.
  M. Mermet had paid a lot for a very ordinary meal.

  Michel **était allé** dans un fast-food à midi.
  Michel had been to a fast-food restaurant at lunch-time.

  Le garçon **s'était trompé** en faisant l'addition.
  The waiter had made a mistake with the bill.

- Note that the rule for perfect tense **agreements** applies here too:

  Mme Mermet était rest**ée** à la maison toute la journée.
  Les Mermet s'étaient install**és** près de la porte.

- Once you have mastered the three basic forms above, you should be able to fit in the variations fairly easily:

  Si seulement **j'avais consulté** mes collègues. . .
  Si seulement **tu avais lu** le guide Gault et Millau. . .
  Si seulement **nous avions choisi** un restaurant traditionnel. . .
  Si seulement **vous n'aviez pas mangé** à midi. . .
  Si seulement **les desserts avaient été** meilleurs. . .

A Using the verbs given below, complete the sentences with a suitable verb in the pluperfect tense. Try to translate the sentences as you go.

servir	devoir	recommander	manger	passer
aller	coûter	espérer	faire	être

Les Mermet étaient déçus de leur soirée au restaurant. . .

. . . parce qu'on leur _____ _____¹ un repas très léger.

. . . parce que le repas _____ _____² très ordinaire et il _____ _____³ cher aussi.

. . . parce qu'ils _____ _____⁴ s'installer près de la porte.

. . . parce que M. Mermet _____ _____⁵ offrir à sa famille un repas exceptionnel.

. . . parce que le garçon _____ très mal _____⁶ son travail.

. . . parce qu'ils n' _____ pas _____⁷ à leur faim.

. . . parce qu'ils _____ _____⁸ au restaurant pour manger quelque chose d'exceptionnel.

. . . parce qu'un collègue de M. Mermet _____ _____⁹ la cuisine et le service.

. . . parce qu'ils _____ _____¹⁰ une soirée peu agréable.

Si seulement tu n'avais pas mangé à midi . . .

B Complete these sentences, using the pluperfect tense of a suitable verb chosen from the box below.

aller	inventer	faire	dîner	prendre	manger
préparer	choisir	être	servir		

1 . . . si on _____ _____ dans un restaurant fast-food.
2 . . . si on _____ _____ un hamburger-frites.
3 . . . si M. Mermet _____ _____ le repas lui-même.
4 . . . si le *Globe d'Or* _____ _____ des repas plus copieux.
5 . . . si on _____ _____ plus attention à la quantité qu'à la présentation.
6 . . . si on _____ _____ un bon restaurant traditionnel.
7 . . . si le garçon _____ _____ plus attentif.
8 . . . si on _____ _____ dans une pizzeria.
9 . . . si on _____ _____ à la maison.
10 . . . si Paul Bocuse n'_____ pas _____ la nouvelle cuisine!

■ ■ ■ ■ ■ ■ ■ ■ ■ ■ ■ ■ ■ ■ ■ ■ ■ ■ ■ ■

8.2   **how to translate good, bad, well and badly**
de si mauvaise humeur   **ni la cuisine ni le service n'étaient bons**   **pour bien manger**   **la bonne cuisine**   **on mange de plus en plus mal**

- Remember that the words for **good** and **bad** are adjectives and must therefore agree with the noun they describe: use **bon, bonne, bons, bonnes** (good), or **mauvais, mauvaise, mauvais, mauvaises** (bad).

- **Well** and **badly** are adverbs and therefore do not change: use **bien** (well) or **mal** (badly).

Complete this passage about eating in France by filling in the gaps with the appropriate French word for **good, bad, well** or **badly**.

J'aime beaucoup manger en France. La cuisine française est très _____¹. En général, on mange très _____² et le service est _____³ aussi. Il est rare de manger un _____⁴ repas.

Malheureusement, au *Globe d'Or* le service était _____⁵. Le garçon était de _____⁶ humeur et il faisait _____⁷ son travail. Il mettait tout au _____⁸ endroit, il versait _____⁹ le vin et il parlait si _____¹⁰ que les Mermet ne comprenaient pas _____¹¹ ce qu'il disait.

Selon M. Mermet, la cuisine traditionnelle est très _____¹² mais il pense au contraire que les hamburgers sont très _____¹³ pour la santé. Il pense aussi qu'on mange _____¹⁴ à la maison. Il aime _____¹⁵ les _____¹⁶ petits repas qu'il fait le week-end.

■■■■■■■■■■■■■■■■■■■■■■■■■■■

8.3   how to translate **better**
on aurait mieux mangé
on aurait certainement mieux mangé   il vaudrait mieux
la bonne cuisine traditionnelle est meilleure

● There are two words in French for **better: meilleur** and **mieux.**

Meilleur is an adjective and must agree with the noun it describes:

Le service est **meilleur** chez Lucien.
The service is better at Lucien's.

La cuisine traditionnelle est **meilleure.**
Traditional food is better.

Mieux is an adverb and does not change:

On mange **mieux** en France que dans n'importe quel autre pays européen.
You eat better in France than in any other European country.

◤ Some advice on how to find the best restaurants in France –
provided you have the necessary funds! Complete this text using
meilleur, meilleure, meilleurs, meilleures or **mieux** as
appropriate.

Quelques-uns des _____[1] restaurants français sont en province
mais pour être sûr d'en trouver un, il vaudrait _____[2] aller à
Paris où chaque chef de cuisine s'efforce de créer les _____[3]
plats et de les présenter _____[4] que tous les autres chefs.
Les _____[5] restaurants sont souvent visités par les inspecteurs
du guide Michelin qui accordent des étoiles, trois pour
les _____[6] restaurants de France. C'est là qu'on mange
le _____[7], c'est là qu'on boit les _____[8] vins, on vous
sert _____[9] qu'ailleurs, mais c'est là aussi qu'il
vaudrait _____[10] avoir un portefeuille bien garni. Dans le
Michelin on trouve aussi les _____[11] plats que chacun
des _____[12] établissements offre à ses clients. M. Mermet ne
fréquente pas ces établissements: il aime _____[13] les petits
restaurants où on sert la cuisine traditionnelle et qui est, selon lui,
bien _____[14] que la nouvelle cuisine.

■■■■■■■■■■■■■■■■■■■■■■■■■■■

8.4   how to use on
on aurait mieux mangé   on était resté
on aurait certainement mieux mangé   on était allé
on avait   qu'on soit prêt   rester chez soi
faire la cuisine soi-même   on mange   on avait servi
on aurait refusé   on ira

- **On** is basically similar to **one** in English, but is much more widely
  used in French and can also be translated as **we, you, people in
  general**. Look at these examples using **on**, and note how **son, sa,
  ses, soi,** and vous are used with it.

  On peut facilement préparer **son** dîner en une demi-heure. **On**
  peut manger à **sa** faim. **On** peut choisir **ses** aliments avec soin.
  You can easily get your evening meal in half an hour. You can eat as
  much as you like. You can choose your food carefully.

Il est facile de préparer **ses** repas **soi-même.**
It's easy to prepare meals oneself.

Souvent, **on** préfère rester **chez soi** manger dans une ambiance décontractée.
One often prefers to stay at home and eat in a relaxed atmosphere.

Si un ami **vous** invite à dîner au restaurant, **on** doit offrir de payer **sa** part.
If a friend invites one to have a meal in a restaurant, one has to offer to pay one's share.

Complete this text about meals at home and eating out. Fill the gaps with **son, sa, ses, soi,** or **vous,** as appropriate. The examples above will help you.

Pour le petit déjeuner, on peut préparer _____¹ café et _____² tartines _____³ -même.
À midi, on peut aller dans _____⁴ café préféré. Souvent, un collègue ou un ami _____⁵ invite à prendre un verre avec lui.
Le soir, généralement, on préfère manger chez _____⁶.
Naturellement, de temps en temps, pour fêter _____⁷ anniversaire ou celui de _____⁸ femme ou de _____⁹ enfants, on est content de sortir de chez _____¹⁰ pour manger un bon petit repas dans le restaurant de _____¹¹ choix. C'est bien d'avoir _____¹² famille autour de _____¹³ même si _____¹⁴ portefeuille s'en trouve considérablement allégé!

8.5   reflexive verbs (in the infinitive form)
je n'ai pas l'habitude de me plaindre

- When using reflexive verbs in the infinitive form, remember to use the correct **reflexive pronoun**. Look at these examples:

    – Tu veux **t'**asseoir à la terrasse?
    – Do you want to sit outside?

    – Je préfère **m'**installer à l'intérieur.
    – I prefer to sit inside.

    – Vous voulez **vous** asseoir là-bas?
    – Would you like to sit over there?

    – Nous allons **nous** offrir un bon petit repas.
    – We're going to treat ourselves to a nice meal.

    (See page 45 for more information on reflexive verbs.)

◣ Complete the following sentences by adding the appropriate reflexive pronoun.

Nous avons voulu_____¹ installer dans un petit coin agréable mais la table était réservée et nous avons dû_____² asseoir près de la porte.
Voulez-vous _____³ mettre à table, messieurs-dames?
Voulez-vous _____⁴ asseoir ici, monsieur?
Michel, tu veux _____⁵ asseoir à côté de moi?
Je ne peux pas _____⁶ habituer à cette nouvelle cuisine.
On trouve difficile de _____⁷ adapter à ces nouvelles habitudes alimentaires.
Tu vas _____⁸ plaindre auprès du patron?

■ ■

8.6 **expressions of emotion + subjunctive**
cela m'étonne qu'on soit prêt

- Nearly all verbs and phrases expressing emotion, except espérer (to hope), are followed by a verb in the **subjunctive.** (See page 180 for the forms of the subjunctive.) Here are a few examples:

Il est dommage que la cuisine traditionnelle **soit** moins à la mode aujourd'hui.
It's a pity that traditional food is less popular nowadays.

Cela m'étonne qu'un restaurateur **ait** le culot de pratiquer des prix si élevés.
I'm surprised that a restaurant has the cheek to charge such high prices.

Je suis content que vous **puissiez** venir dîner chez nous samedi.
I'm pleased that you can come to dinner on Saturday.

Complete these sentences with the correct form of the verb in brackets.

1 Cela m'étonne qu'on (FAIRE) un tel effort pour préparer un repas si ordinaire.
2 Il est dommage que la cuisine traditionnelle ne (ÊTRE) plus à la mode.
3 Cela m'étonne que tant de gens (ALLER) dans les restaurants de fast-food.
4 Il est dommage que tout le monde (CHOISIR) toujours les mêmes plats.
5 Cela m'étonne que les gens (SORTIR) si souvent au restaurant puisque cela coûte si cher.
6 Il est dommage que les jeunes ne (SAVOIR) pas apprécier la qualité de la cuisine traditionnelle.
7 Cela m'étonne que les Français (PRENDRE) la cuisine tellement au sérieux.
8 Je suis content que toute la famille (AVOIR) son mot à dire sur le repas.

8.7   donner quelque chose à quelqu'un, montrer
quelque chose à quelqu'un

j'avais voulu vous offrir à tous un bon repas
je vais envoyer une lettre à la Chambre de Commerce

- With verbs like give **(donner)**, show **(montrer)**, offer **(offrir)**, send **(envoyer)**, the idea of **to** is often omitted in English. In French the **à** has to be included each time. Look at these examples:

Il a donné un pourboire **au** garçon.
He gave the waiter a tip.

Il a montré l'addition à sa femme.
He showed his wife the bill.

Les restaurants traditionnels offrent à leurs clients de bons repas.
Traditional restaurants offer their customers good meals.

 Translate these sentences into French.

1 The waiter gave the Mermets the menu and the wine list.
2 The waiter gave Michel a small portion of chips.
3 He offered M. Mermet another glass of wine.
4 M. Mermet showed the bill to the waiter.
5 He didn't give the waiter a tip.
6 Many restaurants offer the customer a good choice of food.
7 Mme Mermet gave her son some money to buy a hamburger.
8 M. Mermet sent the Chamber of Commerce a letter.

■■■■■■■■■■■■■■■■■■■■■■■■■■■

8.8 how to translate such
des portions si petites le garçon était si maladroit de si mauvaise humeur de tels prix un repas si léger une addition si élevée

- There are two ways of saying **such** in French: by using **tel** or **si**. Look at these examples:

Je n'ai jamais mangé **un tel repas!**
I've never eaten such a meal!

Je n'ai jamais mangé **un repas si copieux!**
I've never eaten such a big meal!

Tel is used with a noun and has to agree. The forms are: **tel, telle, tels,** and **telles.**

Si is used if the phrase already includes an adjective with a noun.

A Complete these sentences using **tel, telle, tels** or **telles.**

1 Quel repas! Je n'ai jamais mangé un _____
2 Quelle addition! Je n'ai jamais payé une _____
3 Quelle sauce! Je n'ai jamais goûté une _____

B Complete these sentences using **si.**

1 Quel garçon maladroit! Je n'ai jamais rencontré un _____
2 Quelle soirée désagréable! Je n'ai jamais passé une _____
3 Quelle petite portion! On ne m'a jamais servi une _____

8.9   personne ne . . ., rien ne . . .
personne n'a mangé   rien n'était satisfaisant

- You are probably familiar with the use of the negative in sentences like 'Je **n**'ai rencontré **personne**' and 'Je **n**'ai **rien** mangé'. (See pages 169–170 for further information.)

- Note that **personne** and **rien** can also be used as the subject of a verb:

Personne n'a mangé à sa faim.
Nobody had enough to eat.

Rien n'était satisfaisant.
Nothing was satisfactory.

M. Mermet has very fixed ideas on good, wholesome home cooking. Rephrase his comments, starting each sentences with **rien** or **personne**.

1 Il n'y a rien de moins sain qu'un hamburger.
   Rien n' _____
2 Il n'y a personne de si désagréable qu'un serveur maladroit.
   Personne _____
3 Il n'y a personne qui cuisine mieux que ma femme.
4 Il n'y a rien de plus satisfaisant qu'un plat traditionnel.
5 Il n'y a rien qui attire les jeunes autant qu'un Big Mac.
6 Il n'y a personne qui mange plus mal qu'un adolescent américain.

■ ■

8.10   something, someone, nothing, nobody + adjective.

quelque chose de différent   quelque chose d'exceptionnel
il n'y a rien de plus appétissant

- The **masculine singular** form of the adjective is used after the **de**.

Quelque chose de différent.	Something different.
Quelqu'un de sympathique.	Someone nice.
Rien de spécial.	Nothing special.
Personne d'autre.	Nobody else.

Rephrase the following sentences.

1 J'aime manger des plats exotiques.
   J'aime manger quelque chose _____

2 Quelquefois on veut impressionner un client important.
   Quelquefois on veut impressionner quelqu'un _____

3 Je préfère des plats simples et savoureux.
   Je préfère quelque chose _____

■ ■

- Note the word order when words such as **si, plus** and **moins** are added:

   Quelque chose de plus/moins cher.
   Something more/less expensive.
   Rien de si intéressant.
   Nothing so interesting.

Rephrase the following sentences.

1 Rien n'est plus agréable qu'un dîner entre amis.
   Il n'y a rien _____

2 Personne n'est si désagréable qu'un serveur inattentif et
   maladroit.
   Il n'y a personne _____

3 Rien n'est moins appétissant qu'un hamburger graisseux!
   Il n'y a rien _____

■ ■

Unit 9

Expressing a negative reaction

M. Bernard talks about his son's poor mental and physical condition after a very serious car accident.

M. Roy:	Votre fils? Il va mieux aujourd'hui?	
M. Bernard:	Pas vraiment. J'ai peur qu'il ne soit très	9.5
	malade. Il a très mauvaise mine. Quand je	
	l'ai vu hier soir, j'ai été bouleversé. J'ai été	9.1
	effrayé par sa pâleur. Il n'a rien mangé	9.2
	depuis trois jours. Il ne veut rien boire	9.2; 9.6
	non plus. Il ne veut voir personne sauf sa	9.2; 9.6
	femme. Et elle ne peut pas aller le voir.	9.2; 9.6
	L'odeur des hôpitaux la rend malade.	9.4
	Tout va très mal.	

Je n'ai aucune envie de condu

M. Roy:	On vous a expliqué comment l'accident s'est produit?
M. Bernard:	Je n'en sais rien. Il rentrait de Dunkerque assez tard le soir avec deux de ses collègues. Il y avait du brouillard sur l'autoroute du Nord et la voiture est entrée en collision avec un camion . . . Ils auraient dû passer la nuit à Dunkerque mais Pierre n'a jamais aimé changer de programme. Les autres passagers ont été tués sur le coup et la voiture a été gravement endommagée. Cela m'étonne que Pierre en ait réchappé. Il a été transporté d'urgence à l'hôpital de Péronne et il a dû être opéré tout de suite. Si son état ne s'améliore pas, il va être transféré à l'hôpital Cochin à Paris.
M. Roy:	Peut-être qu'il va mieux que vous ne pensez. J'espère que votre fils ira mieux quand vous irez le voir ce soir.
M. Bernard:	Moi, je fais ce que je peux, mais j'ai peur que Pierre ne se remette jamais de cet accident. Il a encore de gros problèmes à surmonter.

Reference codes in margin:
- On vous a expliqué — 9.1
- Je n'en sais rien — 9.2
- Ils auraient dû passer — 9.6
- Pierre n'a jamais aimé changer — 9.2; 9.6
- Les autres passagers ont été tués — 9.1
- la voiture a été gravement endommagée — 9.1
- Cela m'étonne — 9.5
- que Pierre en ait réchappé — 9.1
- il a dû être opéré — 9.1; 9.6
- Si son état ne s'améliore pas, il va être transféré — 9.2; 9.1
- Peut-être qu'il va mieux — 9.3
- j'ai peur — 9.5
- que Pierre ne se remette jamais — 9.2

9.1 the passive

j'ai été bouleversé   j'ai été effrayé   on vous a expliqué
les autres passagers ont été tués
la voiture a été gravement endommagée   il a été transporté
il a dû être opéré   il va être transféré

- The passive in French follows the same pattern as the passive in English. Compare the examples below:

En France, le traitement médical **est payé** par l'individu.
In France medical treatment is paid for by the individual.

Plus tard, le coût **sera remboursé** par la Sécurité sociale.
Later the cost will be refunded by the State.

Pierre **a été blessé** dans un accident de la route.
Pierre has been injured in a car accident.

On a dit à M. Bernard que Pierre **serait opéré** tout de suite.
They told M. Bernard that Pierre would be operated on right away.

On lui a dit que Pierre **avait été** transféré à l'hôpital Cochin.
They told him that Pierre had been transferred to the Hôpital Cochin.

- You can see that the passive in French is made up of the verb **être** in the relevant tense + the **past participle** just as the English passive is made up of the verb **to be** + the **past participle**.

- This rule also applies when an infinitive is used:

Il va être opéré tout de suite.
He is going to be operated on right away.

Il doit être transféré dans un hôpital parisien.
He's got to be transferred to a Paris hospital.

- Note that since the passive always involves the use of être, the past participle always has to agree with the subject of the sentence:

La sécurité routière est **assurée** par la Gendarmerie Nationale.
Road safety is supervised by the Gendarmerie Nationale.

Les autoroutes sont **gérées** par une société privée.
The motorways are run by a private company.

- Watch out especially when you have to express ideas like: 'His son was killed in a car accident'. Since the son was only killed once, the **perfect passive** must be used: **Son fils a été tué** dans un accident de la route. (Son fils était tué would mean that his son was killed more than once, every morning, for example!) Similarly: 'The other passengers were seriously injured': = **Les autres passagers ont été gravement blessés.**

A Rephrase this text replacing the underlined sections with the perfect passive. For example:

On a construit beaucoup d'autoroutes.
Beaucoup d'autoroutes ont été construites.

Dans les années 60 et 70, on a pris[1] toutes sortes de mesures pour réglementer la circulation automobile à Paris. On a mis[2] certaines rues en sens unique. On a créé[3] des zones à stationnement limité. On a installé[4] des parcmètres et on a embauché[5] des contractuels pour faire observer les règlements. L'automobiliste parisien a accepté[6] ces mesures à contre-cœur. En même temps, on a fait[7] des efforts pour rendre sa vie plus facile. On a aménagé[8] de nombreux parkings souterrains et on a entrepris[9] de grands travaux routiers. On a créé[10] une voie express le long de la rive droite de la Seine et, en 1970, on a mis[11] en service le Boulevard Périphérique. De plus, on a construit[12] de nombreuses autoroutes pour améliorer les liaisons routières avec le reste de la France.

B Now translate the whole text into English.

- A certain number of verbs cannot be used in the passive in quite the same way as in English. They are all verbs that are followed by à, for example, **donner, offrir, demander, dire, permettre**. Instead of using the passive with such verbs, we have to use **on + the active form of the verb**. Look at these examples:

On lui a donné une auto pour son anniversaire.
He was given a car for his birthday./They gave him a car for his birthday.

On ne permettait pas à Caroline de sortir en semaine.
Caroline was not allowed to go out during the week./They didn't allow Caroline to go out during the week.

On m'a dit de revenir le lendemain.
I was told to come back the next day./They told me to come back the next day.

C Translate the following sentences into French, using the verbs given below. (They all take à + **the person involved**.)

offrir	donner	demander	permettre	conseiller

1 When Pierre was offered his new job, he was given a faster car. (perfect tense)
2 He was allowed to use it at the weekend too. (imperfect tense)
3 He was often asked to take colleagues to Paris. (imperfect tense)
4 That particular day, he was advised to leave early because there was fog on the motorway. (perfect tense)

■■■■■■■■■■■■■■■■■■■■■■■■■

9.2 the negative

il n'a rien mangé   il ne veut rien boire
il ne veut voir personne   elle ne peut pas   je n'en sais rien
Pierre n'a jamais aimé   si son état ne s'améliore pas
j'ai peur que Pierre ne se remette jamais

- Look at the negative phrases in these sentences about the long-term effects of Pierre's accident:

Depuis son accident, **Pierre ne va nulle part** en voiture.
Since his accident Pierre goes nowhere by car.

Il n'a aucune envie de conduire.
He has no desire to drive.

En fait, **il n'a plus** de voiture.
In fact, he no longer has a car.

Il ne dit rien quand on parle de voitures.
He says nothing when people talk about cars.

Il ne parle jamais de son accident.
He never talks about his accident.

Il croit que **son cas n'intéresse personne.**
He thinks that his situation doesn't interest anybody.

Note how the negatives are placed around the verb – **ne** before the verb and the other part of the negative phrase after the verb.

- In the perfect tense, most negatives go either side of the auxiliary verb:

Il n'a pas expliqué ce qui est arrivé ce soir-là.
He hasn't explained what happened that evening.

Il n'a rien dit sur les causes de l'accident.
He has said nothing about the causes of the accident.

Il n'a jamais parlé de ses collègues.
He has never spoken about his colleagues.

Il n'a plus voulu acheter de voiture.
He hasn't wanted to buy another car.

- With some negative phrases in the perfect tense, however, the second part of the negative phrase comes after the past participle: **ne . . . personne** (nobody), **ne . . . nulle part** (nowhere), **ne . . . aucun(e)** (not any) and **ne . . . que** (only):

Il n'a critiqué personne. He hasn't criticised anyone.

Depuis son accident, **il n'est allé nulle part** en voiture.
Since his accident he hasn't travelled anywhere by car.

Il n'a manifesté aucune envie d'avoir une voiture.
He has shown no desire to have a car.

Answer these questions about Pierre with a whole sentence which includes the negative words supplied in brackets.

1 Sa femme est venue à l'hôpital? (ne . . . jamais)
2 Il a acheté une autre voiture? (ne . . . plus)
3 Il a accusé les autres conducteurs d'avoir causé l'accident? (ne . . . personne)
4 Il a essayé d'expliquer l'accident? (ne . . . jamais)
5 Il a fait quelque chose pour aider les enfants de ses collègues? (ne . . . rien)
6 Il a critiqué les médecins? (ne . . . personne)
7 Il a fait des exercices pour se remettre en forme? (ne . . . rien)
8 Il est allé en vacances pour se changer les idées? (ne . . . nulle part)

- When using negatives with infinitives, the same pattern applies as with the auxiliary verb in the perfect tense. Look at these examples. Translate them into English. Then translate them back into French:

Il ne veut pas manger.
Il ne veut rien manger.
Il ne veut plus conduire de voiture.
Il ne veut jamais sortir le week-end.

BUT:

Il ne veut voir personne.
Il ne veut voir aucun membre de la famille de ses collègues.
Il ne veut aller nulle part en voiture.

9.3 **how to use** peut-être
peut-être qu'il va mieux

- There are three different ways of using the word **peut-être (perhaps)**. Look at these examples showing how 'Perhaps Pierre will be better this evening' can be translated:

  If **peut-être** is used at the beginning of the sentence, the verb and subject must be inverted:

  Peut-être Pierre **ira-t-il** mieux ce soir.

  If you use **peut-être que,** then no inversion is needed:

  Peut-être que Pierre ira mieux ce soir.

  Peut-être can be placed elsewhere in the sentence, but take care in complex sentences:

  Pierre ira **peut-être** mieux ce soir.

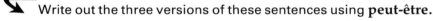 Write out the three versions of these sentences using **peut-être.**

1 La voiture a dérapé sur le verglas.
2 Pierre était un peu fatigué.
3 Il y avait du brouillard sur l'autoroute.

9.4   rendre
l'odeur des hôpitaux la rend malade

● Look at these examples showing how **rendre** can mean **to make:**

L'alcool **rend** les conducteurs irresponsables.
Alcohol makes drivers irresponsible.

Les bouchons sur le Périphérique **rendent** le trajet des banlieusards très fatigant.
The jams on the ring road make commuter travel very tiring.

◤ Using the examples above as your model, translate the sentences below into French. Choose an appropriate adjective from the box below and don't forget to make the necessary agreements.

paresseux   facile   insupportable   sûr   dangereux irrespirable

1 In winter fog makes motorways very dangerous.
En hiver, le brouillard _____ les autoroutes très _____
2 Owning a car makes life easier.
La possession d'une voiture _____ la vie plus _____
3 But cars make everybody very lazy.
Mais les voitures _____ tout le monde très _____
4 Sometimes in towns the traffic makes the air difficult to breathe.
Quelquefois en ville la circulation _____ l'air _____
5 Bad drivers make life unbearable for other people.
Les mauvais conducteurs _____ la vie des autres _____
6 Speed limits make the roads safer.
Les limitations de vitesse _____ les routes plus _____

■ ■

9.5	expressions of emotion + subjunctive

j'ai peur qu'il ne soit très malade
cela m'étonne qu'il en ait réchappé
j'ai peur que Pierre ne se remette jamais

- Look at these examples:

C'est dommage que sa femme ne **puisse** pas aller à l'hôpital.
It's a pity that his wife can't go to the hopsital.

Je suis content qu'il **aille** mieux.
I'm glad he's better.

Cela m'étonne qu'il ne **veuille** pas voir ses amis.
I'm surprised that he doesn't want to see his friends.

J'ai peur qu'il ne **soit** très malade.
I'm afraid he's very ill.

These and all other expressions of emotion, **except** those with the verb **espérer** (to hope), are followed by a clause with the verb in the **subjunctive**.

- Note also that after **avoir peur que** . . . the verb in the subjunctive is preceded by **ne**.

(See pages 180–3 for the forms of the subjunctive.)

Pierre's father is very concerned about his son. Complete what he says by putting the verbs in brackets into the correct form.

1 J'ai peur qu'il ne (ÊTRE) gravement blessé.
2 C'est dommage qu'il ne (VOULOIR) pas parler de son accident.
3 J'espère qu'il (ALLER) bientôt quitter l'hôpital.
4 C'est dommage qu'il ne (FAIRE) pas plus d'efforts pour marcher.
5 Je préfère qu'il ne (SAVOIR) pas pour le moment ce qui est arrivé à ses collègues.
6 J'ai peur qu'il ne (DEVENIR) fou en apprenant la vérité.
7 J'espère qu'il (POUVOIR) supporter ce choc.
8 J'ai peur qu'un visiteur ne lui (DIRE) exactement ce qui s'est passé.

9.6 verbs + infinitive

il ne veut rien boire   il ne veut voir personne
elle ne peut pas aller   ils auraient dû passer
Pierre n'a jamais aimé changer   il a dû être opéré

- Remember that when verbs are followed by an infinitive, some need **just the infinitive**, others need **de + infinitive**, and others need **à + infinitive**. Make a point of noting down from your reading and listening which construction particular verbs take when used with an infinitive. Look at these examples:

Elle **n'ose pas** le **voir.**
She doesn't dare to see him.

Il **a peur de conduire.**
He is afraid of driving.

Il **hésite à sortir.**
He hesitates to go out.

(See pages 64–5, 72–3 and 104–5 for more verbs + infinitive.)

- Look through the list below. Then cover it up and test yourself by writing out the correct version of the sentences that follow.

oser	– to dare to
sembler ⎫ paraître ⎭	– to seem to
passer son temps à	– to spend time doing . . .
perdre son temps à	– to waste time doing . . .
hésiter à	– to hesitate to
renoncer à	– to give up doing . . .
avoir de la peine à avoir du mal à avoir de la difficulté à ⎭	– to have difficulty in doing . . .
se borner à	– to limit oneself to doing . . .
se contenter de	– to merely do . . .
cesser de	– to stop doing . . .
éviter de	– to avoid doing . . .
menacer de	– to threaten to

manquer de	– to fail to/to nearly do
refuser de	– to refuse to
risquer de	– to run the risk of doing . . .
oublier de	– to forget to
avoir peur de	– to be afraid to
empêcher quelqu'un de	– to prevent/stop someone doing . . .

Pierre's wife is really worried about him since his accident. Write out a correct version of what she says about him, by filling in the gaps with **de** or **à** where necessary.

1 Il n'ose pas _____ partir en vacances.
2 Il perd son temps _____ regarder la télévision toute la soirée.
3 Il se contente _____ changer de chaîne de temps en temps.
4 Il hésite _____ communiquer avec les autres.
5 Il a de la peine _____ parler avec ses collègues.
6 Il évite _____ leur parler autant que possible.
7 Il refuse _____ parler de l'accident.
8 Il semble _____ avoir peur _____ sortir.
9 Il a cessé _____ sortir le week-end.
10 Il se borne _____ regarder tout ce qu'il y a à la télévision.
11 Il a renoncé _____ conduire une voiture.
12 Il oublie quelquefois _____ se raser.
13 Il manque quelquefois _____ arriver au bureau à l'heure.
14 Il risque _____ perdre son emploi.
15 Il menace quelquefois _____ ne plus y aller.
16 Son état d'esprit l'empêche _____ mener une vie normale.

Now check your answers and learn the verbs you didn't get right.
■ ■

Unit 10

Talking about what other people want you to do

After some misunderstandings, Sylvie manages to persuade her father to let her go and spend a holiday with her friends in the South of France.

Sylvie: Ah, papa! <u>Mes amies veulent que je parte</u>   10.1; 10.2; 10.4
en vacances. . .

Père: Qu'est-ce que ça veut dire exactement,
partir en vacances?

Sylvie: Une dizaine de mes amies. . .

Père: Non, Sylvie, <u>je ne crois pas que ce soit</u> une   10.1; 10.2; 10.4
bonne idée.

Sylvie: <u>Maman est d'accord que je parte</u> comme   10.1; 10.2; 10.4
ça. Mais <u>avant que je dise</u> à mes amies que   10.1; 10.2; 10.4
je peux y aller, <u>elle veut que tu sois</u> aussi   10.1; 10.2; 10.4
d'accord.

Père: Vraiment? <u>Elle accepte que des garçons et</u>   10.1; 10.4
<u>des filles partent</u> comme ça? Moi, <u>je</u>   10.2
<u>préfère que tu ailles</u> en vacances avec   10.1; 10.2; 10.4
nous <u>jusqu'à ce que tu aies</u> 18 ans. . .   10.1; 10.2; 10.4

Sylvie: Mais je crois que tu as mal compris. C'est
un groupe de filles du lycée qui partent
ensemble.

Père: Et je suppose que vous pensez faire du
camping? Moi, <u>je n'aime pas que des filles</u>   10.2; 10.2; 10.4
<u>fassent du camping</u> toutes seules <u>sans</u>
<u>qu'il y ait quelqu'un qui puisse</u> les   10.1; 10.2; 10.4
surveiller un peu. <u>J'ai peur qu'un groupe</u>   10.1; 10.2; 10.4
<u>de filles n'attire les voyous</u> du pays. <u>Il faut</u>   10.1; 10.2; 10.4
<u>que vous cherchiez</u> une autre solution qui   10.1; 10.2; 10.4

	<u>puisse</u> me satisfaire <u>avant que je te</u>	10.1; 10.2; 10.4
	<u>permette</u> de partir comme ça.	
Sylvie:	Écoute, papa! La tante de Marie a loué une	
	villa pour ses enfants et ses petits-enfants	
	mais au dernier moment ils ont dû	
	annuler. <u>Elle propose que nous y allions</u>	10.1; 10.2; 10.4
	<u>pour qu'elle ne perde pas l'argent</u> qu'elle	10.1; 10.2; 10.4
	a déjà payé. Et elle sera là pour nous	
	surveiller tout le temps.	
Père:	<u>C'est dommage que tu n'aies pas bien</u>	10.1; 10.2; 10.3;
	<u>expliqué</u> tout ça au début!	10.4
Sylvie:	Bravo, papa! <u>C'est dommage que tu ne</u>	10.1; 10.2; 10.4
	<u>fasses pas toujours attention</u> à ce qu'on te	
	dit!	

Mes parents préfèrent que je sorte avec des gens qu'ils connaissent.

10.1   an introduction to the subjunctive

mes amies veulent que je parte   je ne crois pas que ce soit
Maman est d'accord que je parte   avant que je dise
elle veut que tu sois
elle accepte que des garçons et des filles partent
je préfère que tu ailles   jusqu'à ce que tu aies
je n'aime pas que des filles fassent
sans qu'il y ait quelqu'un   quelqu'un qui puisse
j'ai peur qu'un groupe de filles n'attire
il faut que vous cherchiez   une autre solution qui puisse
avant que je te permette   elle propose que nous allions
pour qu'elle ne perde pas
c'est dommage que tu n'aies pas bien expliqué
c'est dommage que tu ne fasses pas

- The tenses you have come across so far (present, future, perfect, imperfect, pluperfect) are in what is called the **indicative** mood.

  Four of these tenses (present, perfect, imperfect and pluperfect) are also used in what is called the **subjunctive** mood.

- Very broadly speaking, the subjunctive mood is used to talk about something that is one remove from reality, to express an attitude towards an event rather than just to describe the event itself:

Indicative: Son père est très malade.
                        His father is very ill.
Subjunctive: J'ai peur que son père ne soit très malade.
                        I'm afraid that his father is very ill.

- Probably the best way to cope with the subjunctive is to learn when it is most commonly used.

  The subjunctive is used:

  i.   after certain conjunctions. For example: **avant que** (before), **bien que** and **quoique** (although)

  ii.   after any expression of emotion. For example: **je suis content que**, **je regrette que**, **cela m'étonne que**. . .

  iii. after impersonal phrases. For example: **il est naturel que**, **il est rare que** . . ., **il vaut mieux que** . . ., except a few impersonal constructions which express certainty, e.g. **il est évident/clair que** . . ., **il est probable que** . . .

iv. after all expressions of doubt and uncertainty. For example: **je doute que . . ., je ne crois pas que . . . je ne suis pas sûr(e) que . . ., ce n'est pas que . . .**

v. after verbs of liking, wishing, preferring, (when you want somebody to do something or you prefer someone to do something). For example: **je n'aime pas qu**'elle sorte toute seule le soir. (I don't like her going out alone in the evening.)

vi. in relative clauses which depend on
   − a superlative:
   C'est le meilleur film que j'aie vu cette année.
   It's the best film I've seen this year.
   − a negative:
   Il n'y a rien qu'on puisse faire pour les aider.
   There is nothing you can do to help them.
   − a vague or indefinite antecedent:
   Je cherche une voiture qui ne soit pas trop chère et que je puisse utiliser pour les trajets de tous les jours.
   I'm looking for a car which is not too expensive that I can use for short everyday journeys.

   The car does not yet exist as a single specific car. It is just an imaginary or hypothetical car. It is simply a kind of car which must have certain qualities (i.e. it must be inexpensive and suitable for short everyday journeys).

   (See page 188 for more details.)

10.2   The present subjunctive:

que je parte   que ce soit   que je dise   que tu sois
que des garçons et des filles partent   que tu ailles
que tu aies   que des filles fassent   qu'il y ait
quelqu'un qui puisse   qu'un groupe de filles n'attire
que vous cherchiez   une autre solution qui puisse
que je te permette   que nous allions
qu'elle ne perde pas   que tu n'aies pas
que tu ne fasses pas

- For regular verbs the stem is formed by removing the **-ent** from the third person plural (**ils/elles** form) of the present tense.

- The endings for all verbs (except avoir and être) are:

je	**-e**	nous	**-ions**
tu	**-es**	vous	**-iez**
il/elle/on	**-e**	ils/elles	**-ent**

- Look carefully at the examples below:

infinitive	**ils** form present tense	subjunctive stem	**je** form subjunctive
finir	ils finissent	finiss	je **finisse**
prendre	ils prennent	prenn	je **prenne**
boire	ils boivent	boiv	je **boive**
venir	ils viennent	vienn	je **vienne**
écrire	ils écrivent	écriv	j'**écrive**

◄ A Give the **je** form of the **present subjunctive** of the verbs below. (Check **ils** form present tense on pages 28–34.)

1 partir
2 connaître
3 dire
4 mettre
5 lire
6 attendre
7 choisir
8 voir

- Note that **être** and **avoir** are irregular.

être	avoir
je sois	j'aie
tu sois	tu aies
il/elle/on soit	il/elle/on ait
nous soyons	nous ayons
vous soyez	vous ayez
ils/elles soient	ils/elles aient

- A number of other important verbs are irregular. Look at the **je** form of these verbs very carefully.

aller:	j'aille
faire:	je fasse
pouvoir:	je puisse
vouloir:	je veuille
savoir	je sache
valoir	je vaille

B Without referring to the notes above, complete the following sentences by putting the verb in brackets into the **je** form of the **present subjunctive**. Begin with **Il est essentiel que** . . . each time.

1 . . . (FINIR) mes devoirs.
2 . . . (FAIRE) attention en classe.
3 . . . (APPRENDRE) les verbes irréguliers.
4 . . . (VENIR) en classe régulièrement.
5 . . . (ALLER) en France aussi souvent que possible.
6 . . . (ÊTRE) toujours à l'heure.
7 . . . (CHOISIR) bien mes amis.
8 . . . (LIRE) un bon journal.
9 . . . (SAVOIR) conjuguer les verbes français.
10 . . . (ÉCRIRE) souvent à mon correspondant français.

- A few verbs revert to a 'short' form with nous and vous. This 'short' form stem is the same as that of the present tense (indicative):

aller:	j'aille	but	nous **allions**	vous **alliez**
boire:	je boive	but	nous **buvions**	vous **buviez**
prendre:	je prenne	but	nous **prenions**	vous **preniez**
venir:	je vienne	but	nous **venions**	vous **veniez**
devoir:	je doive	but	nous **devions**	vous **deviez**
mourir:	je meure	but	nous **mourions**	vous **mouriez**
vouloir:	je veuille	but	nous **voulions**	vous **vouliez**

- The endings of the **present subjunctive** are the same for virtually all verbs and are not difficult to learn. The important element to make sure of is the stem and the best way to remember it is by learning the **je** form.

C Write out the **je** form of the **present subjunctive** of the following verbs starting with **que**.

1 regarder	6 venir	11 lire
2 finir	7 savoir	12 pouvoir
3 descendre	8 aller	13 conduire
4 boire	9 faire	14 être
5 apprendre	10 écrire	15 avoir

Je regrette que la voiture soit tombée en panne.

10.3   the perfect subjunctive
que tu n'aies pas bien expliqué

- You need to learn the present subjunctive of **avoir** and **être**. (See page 181.) They are used as **auxiliaries** along with the **past participle** to form the **perfect subjunctive**:

C'est dommage qu'**il ait manqué** le train.
It's a pity he missed the train.

C'est dommage qu'**il soit arrivé** en retard.
It's a pity he arrived late.

- The perfect subjunctive is simply the subjunctive version of the perfect indicative:

perfect indicative:
La voiture est tombée en panne.
The car has broken down.

perfect subjunctive:
Je regrette que la voiture soit tombée en panne.
I'm sorry the car has broken down.

Sylvie's mother is talking about her daughter's holiday in the South of France. To make it clearer that she is pleased they had such a good time, add **Je suis contente que . . .** to the beginning of each of her comments and alter the rest of each sentence appropriately.

1 Elle est allée dans le Midi avec ses amies.
2 Elle a pu passer tout le mois d'août là-bas.
3 Elle n'a pas passé tout l'été à Paris.
4 Elle a profité du beau temps.
5 Elle a appris à faire de la planche à voile.
6 Elles ont toutes passé de bonnes vacances là-bas.
7 Elles se sont très bien entendues avec la tante de Marie.
8 Elles ont réussi à s'adapter si facilement à la vie en commun.

10.4   when to use the subjunctive

mes copines veulent que	je ne crois pas que
Maman est d'accord que	avant que elle veut que
elle accepte que je préfère que	jusqu'à ce que
je n'aime pas que sans que	quelqu'un qui
j'ai peur que il faut que	une autre solution qui
elle propose que pour que	c'est dommage que

- A number of **conjunctions** are followed by a verb in the subjunctive. The list below needs to be learned thoroughly since other conjunctions do not take the subjunctive.

avant que je prenne une telle décision
before I take such a decision

bien que je connaisse bien tes amies
quoi que je connaisse bien tes amies
although I know your friends well

pour que je sache que tu es en bonne compagnie
afin que je sache que tu es en bonne compagnie
so that I know you are in good company

sans que je sois inquiet tout le temps
without my being worried all the time

pourvu que tu me dises avec qui tu y vas
à condition que tu me dises avec qui tu y vas
provided you tell me who you're going with

jusqu'à ce que tu reviennes
until you come back

de peur que tu n'aies un accident
de crainte que tu n'aies un accident
in case you have an accident

à moins qu'il n'y ait quelqu'un pour vous surveiller
unless there's someone to keep an eye on you

A Sylvie knows that her parents are very keen to ensure her safety. Complete what Sylvie says about her parents by putting the verb in brackets into the correct form.

1 Avant que je ne (SORTIR), ma mère me demande toujours où je vais.
2 Bien que mes parents (ÊTRE) assez libéraux, ils ne me permettent pas de sortir en semaine.
3 Mes parents m'encouragent à travailler pour que je (POUVOIR) réussir à mes examens.
4 Ils me laissent sortir pourvu que je leur (DIRE) où je vais.
5 Ils n'aiment pas que je rentre en voiture de peur que le chauffeur ne (ÊTRE) ivre.
6 Je ne peux jamais aller à une boum à moins que mon père ne (VENIR) me chercher à minuit.
7 Il ne veut pas que nous fassions du camping sans qu'un adulte (ÊTRE) là pour nous surveiller.
8 Je vais parler de la villa tout le temps jusqu'à ce que mon père me (PERMETTRE) d'y aller.

B Sylvie's mother expresses her feelings about the trip to the South of France. Read what she says and then choose the correct form of the verb to be used in each sentence. (Try to do this without consulting the list of conjunctions which take the subjunctive on page 184.)

1 Puisque je **connais/connaisse** bien Marie, . . .
2 Avant que tu ne **pars/partes**, . . .
3 Alors que moi, je suis contente que tu y **vas/ailles**, . . .
4 Pendant que tu **vivras/vives** avec nous, . . .
5 Pour que je **sais/sache** que tu ne cours pas de risques, . . .
6 Sans que tu **dis/dises** à la tante de Marie où tu vas, . . .
7 Pourvu que ton père **est/soit** d'accord, . . .
8 Jusqu'à ce que tu **vas/ailles** à l'université, . . .
9 Bien que je ne **suis/sois** pas contre, . .
10 Maintenant que je **comprends/comprenne** la situation, . . .

■ ■

● **Expressions of emotion + subjunctive** (See page 159.)

● **Impersonal phrases + subjunctive** (See page 178.)

- All **expressions conveying doubt** are followed by the subjunctive. Below are a few of the more common expressions.

Je doute que . . .	Je ne dis pas que . . .
Je ne crois pas que . . .	Ce n'est pas que . . .
Je ne suis pas sûr(e) que . . .	Croyez-vous que . . .?
Il est douteux que . . .	

- It is very important to note that expressions like **je crois que . . .** and **je suis sûr(e) que . . .** are followed by a verb in the indicative since no idea of doubt is present. Compare the examples below:

Je crois que mes parents me **permettront** de faire du camping. (INDICA
I think my parents will let me go camping.

Je ne crois pas que mes parents me **permettent** de faire du camping. (SUBJUNCTIVE)
I don't think my parents will let me go camping.

Je suis sûre que Marie **pourra** venir. (INDICATIVE)
I'm sure Marie will be able to come.

Je ne suis pas sûre que Marie **puisse** venir. (SUBJUNCTIVE)
I'm not sure that Marie will be able to come.

C Complete the sentences below, using the indicative or the subjunctive as appropriate.

1 Je ne crois pas que mes parents (ÊTRE) prêts à me laisser partir en vacances.
2 Je crois que tu (ÊTRE) trop jeune pour partir en vacances seul.
3 Je suis sûr que tu (S'AMUSER) mieux avec nous.
4 Je ne crois pas que ce (ÊTRE) une bonne idée.
5 Crois-tu que Sylvie (POUVOIR) venir? Je doute que ses parents (ÊTRE) d'accord.
6 Ce n'est pas que mes parents n' (AVOIR) pas confiance en moi, c'est qu'on ne (SAVOIR) jamais ce qui peut arriver.
7 Je ne dis pas que Marie (ÊTRE) inintelligente, mais je sais qu'elle (FAIRE) des bêtises de temps en temps.
8 Je ne crois pas que mon père me (PERMETTRE) de camper.

● The subjunctive is used with verbs like **vouloir**, **aimer** and **préférer** when someone wants someone else to do something or likes someone to do this or that. Look carefully at these examples:

Marie veut que Sylvie fasse du camping avec elle.
Marie wants Sylvie to go camping with her.

Les parents de Sylvie n'aiment pas qu'elle sorte en semaine.
Sylvie's parents don't like her going out in the week.

D Parents are often very demanding. They have a very clear idea of how they would like their children to behave. Rephrase these sentences expressing their views, using **vouloir**, **aimer**, **préférer** as indicated.

1 Les parents de Sylvie lui disent toujours de rentrer en taxi.
Les parents de Sylvie veulent toujours qu' _____
2 Ils encouragent Sylvie à sortir avec des jeunes qu'ils connaissent.
Ils préfèrent que Sylvie _____
3 Sylvie a demandé à son père de venir la chercher en voiture.
Sylvie veut que _____
4 Les parents de Sylvie l'encouragent à bien faire son travail scolaire.
Les parents de Sylvie aiment qu'elle _____
5 Les parents conseillent souvent à leurs enfants de ne pas trop boire.
Les parents n'aiment pas que _____
6 Tous les parents veulent des enfants intelligents, beaux et sportifs.
Tous les parents aiment que leurs _____

■■■■■■■■■■■■■■■■■■■■■■■

● The subjunctive is used in relative clauses which are dependent on:
   i. **a superlative:**

   C'est **le meilleur camping que je connaisse.**
   It's the best campsite I know.
   (See page 51 for further examples and exercises.)

ii. **a negative**:

Il n'y a rien que je puisse faire pour le faire changer d'avis.
There is nothing I can do to make him change his mind.

iii. **a hypothetical antecedent**, where the thing being talked about exists only in somebody's mind (it is not a concrete reality or a specific thing):

Je cherche un camping qui ne soit pas trop loin de la mer **et où il y ait** de bons équipements sportifs.
I'm looking for a campsite which isn't too far from the sea and where there are good sports facilities.

The campsite does not exist as a particular place: it is simply an idea in the speaker's mind. It is a certain kind of campsite that must have two features: it must be close to the sea and have good sports facilities. Once a specific campsite has been found, it becomes 'real' and the relative clause is in the indicative:

J'ai eu de la chance. J'ai trouvé un camping près de Carnac qui n'est pas loin de la mer et où il y a de bons équipements sportifs.

E Use the indicative or subjunctive as appropriate to complete what Sylvie says.

1 Il n'y a personne qui (POUVOIR) nous surveiller.
2 Je voudrais acheter une voiture qui ne (ÊTRE) pas trop vieille et qui (ÊTRE) assez grande pour emmener mes copains au lycée.
3 Au lycée nous avons trouvé cinq filles qui (VOULOIR) aller dans le Midi.
4 J'aimerais beaucoup rencontrer un garçon qui (AVOIR) les mêmes goûts que moi en matière de musique.
5 Je ne connais personne qui (ÊTRE) aussi obstiné que mon père.
6 J'ai trouvé quelqu'un qui (POUVOIR) nous emmener dans le Midi en voiture.
7 Je ne veux rien faire qui (FAIRE) de la peine à mes parents.
8 La tante de Marie a loué une villa où il y (AVOIR) de la place pour une dizaine de personnes.

Answer section

1.1

1 Pour aller à la place Grenette?
2 Pour aller au parc Paul-Mistral?
3 Pour aller à l'Hôtel de Ville?
4 Pour aller à l'église Saint-André?
5 Pour aller au stade municipal?
6 Pour aller aux magasins du centre?
7 Pour aller à la vieille ville?
8 Pour aller à l'université?
9 Pour aller aux instituts de géographie alpine et de géologie?
10 Pour aller à la patinoire?

1.2

1 La gare? C'est à 200 mètres de l'hôtel.
2 La piscine? C'est à 50 mètres d'ici, près de la patinoire.
3 Huez? C'est un petit village, à 4 kilomètres environ de l'Alpe-d'Huez.
4 L'hôtel *Le Christina*? C'est à 5 minutes d'ici.

1.3

1 C'est tout près de la patinoire.
2 C'est tout près de l'héliport.
3 C'est tout près de la piscine.
4 C'est tout près du syndicat d'initiative.
5 C'est tout près des équipements sportifs.
6 C'est tout près de l'école de ski.
7 C'est tout près du téléphérique.
8 C'est tout près des remonte-pentes.
9 C'est tout près de l'arrêt de car.
10 C'est tout près des magasins.

1.4

A 1 En faisant
2 En choisissant
3 En se mettant
4 En commençant
5 En achetant
6 En allant
7 En partageant
8 En prenant

B 1 En sortant
2 En arrivant
3 En allant un peu plus loin
4 En achetant
5 En descendant
6 En voyant le téléphérique

C 1 En prenant
2 En faisant
3 En attendant
4 En finissant
5 En partant

1.5

A 1 Sans écouter
2 en courant
3 Au lieu d'aller
4 dans l'espoir de prendre
5 sans devoir
6 Il a réussi à trouver
7 En voyant
8 sans même ralentir
9 il a fini par y trouver
10 Il a réussi à arriver
11 sans changer
12 En arrivant
13 il a commencé par chercher
14 afin d'y louer
15 Pour s'échauffer
16 il a commencé par descendre
17 il a réussi à descendre

B Without listening to the hotelier's advice, he ran out of the hotel. Instead of going to the coach station, he looked for the nearest coach stop hoping to be able to catch the coach without having to go all the way to the coach station. He managed to find the right stop. On seeing the coach, he raised his arm but the coach went by without even slowing down. Fortunately, a second coach arrived and in the end he managed to find a seat. He managed to get to l'Alpe-d'Huez in an hour and a quarter without changing coaches. When he arrived he began by looking for M. Loup's shop in order to hire some skis. To warm up he began by going down several blue runs. Finally he managed to go down a black run without difficulty.

1.6

A 1 en Belgique
   2 aux Pays-Bas
   3 en France
   4 en Allemagne
   5 en Espagne
   6 au Portugal
   7 au Canada
   8 aux États-Unis
   9 en Amérique du Sud
  10 au Mexique
  11 au Brésil
  12 au Pérou

B 1 d'Amérique du Sud
   2 du Chili
   3 des États-Unis
   4 du Mexique
   5 du Brésil
   6 d'Argentine
   7 du Chili
   8 des États-Unis

C 1 France
   2 la France
   3 la France
   4 France
   5 France
   6 France
   7 la France
   8 France
   9 la France
  10 France

D 1 Dunkerque est dans le nord de la France.
   2 Dunkerque est à l'est de Calais.
   3 La Chartreuse est au nord de Grenoble.
   4 Versailles est à l'ouest de Paris.
   5 Bordeaux est dans le sud-ouest de la France.

1.7

1 Oui, il y en trois ou quatre.
2 Oui, j'en ai fait en Suisse et en Autriche.
3 Il y en a qui adorent le ski.
4 Non, je n'en ai pas. Je vais en louer à l'Alpe-d'Huez.
5 Je vais en acheter là-haut.
6 Non merci, j'en ai une dans ma chambre.

1.8

1 en trois jours
2 dans huit jours
3 en quelques heures
4 dans un jour ou deux
5 en trois minutes
6 Dans deux ou trois jours
7 en 45 minutes.
8 en une demi-heure

1.9

1 de
2 –
3 de
4 des
5 de
6 de
7 des
8 de
9 des
10 de
11 –
12 de

2.1

A 1 savez
2 sais
3 vais
4 faites
5 lis
6 fais
7 connais
8 offre
9 buvez
10 bois
11 voyez
12 vois
13 sors
14 peux
15 vivez
16 vis
17 dois
18 veux
19 ai
20 mets
21 apprends
22 dors
23 crois
24 vis

B 1 font
2 veulent
3 prennent
4 ont
5 sont
6 peuvent
7 connaissent
8 voient
9 vont
10 conduisent
11 viennent
12 doivent
13 savent

C 1 aimons
2 avons
3 sortons
4 faisons
5 lisons
6 dormons
7 prenons
8 mangeons
9 connaissons
10 commençons
11 disons

2.2

A 1 Il faisait
2 Nous conduisions
3 Ils prenaient
4 Je finissais
5 Nous jouions
6 Elle lisait
7 Elles travaillaient
8 Je mangeais

B 1 travaillais
2 commençais
3 finissais
4 avais
5 mangeais
6 étais
7 sortais
8 lisais
9 prenais
10 faisais
11 mettais
12 allais
13 buvais
14 connaissais
15 disait

2.3

1 peuvent
2 savent
3 savent
4 savent
5 savent
6 peuvent
7 savent
8 peuvent

9 peuvent
10 peuvent
11 savent
12 peuvent
13 savent
14 peuvent
15 peuvent

2.4

1 Le matin
2 L'été
3 du matin
4 du soir
5 L'hiver
6 du soir
7 Le soir/Les soirs
8 Le week-end
9 le dimanche/les dimanches
10 le samedi/les samedis
11 Le samedi soir/Les samedis soirs
12 le dimanche matin/les dimanches matins
13 de l'après-midi

2.5

A 1 aussi dense qu'à Paris
   2 aussi tranquille que dans les années 50
   3 aussi paisibles que dans les années 20

B 1 Le bal du samedi soir n'est pas si fréquenté qu'autrefois.
   2 Le travail à la ferme n'est pas si dur qu'autrefois.
   3 Le village n'est pas si animé le dimanche.
   4 Les sentiments de solidarité ne sont pas si forts que par le passé.
   5 Les jardins ne sont pas si grands qu'autrefois.

2.6

1 la même école que
2 la même classe que
3 le même travail que
4 les mêmes préoccupations que

2.7

A 1 se rencontraient
   2 Ils se disaient bonjour et se serraient la main.
   3 ils s'entraidaient
   4 Ils s'entendaient
   5 ils se voyaient
   6 ils se parlaient
   7 ils se réunissaient

B In the old days people in the village met several times a day. They said hello and shook hands. If there were problems, they helped each other out. They got on very well. When they saw each other in the street, they talked for a long time, and in the evenings they met as often as possible.

3.1

A 1 des
2 des
3 de
4 de
5 de
6 de

B 1 Il y a de nouvelles stations balnéaires mais on trouve aussi de jolis ports de pêche.
2 Il y a de grands campings où de nombreux Anglais passent leurs vacances parce qu'il y a de belles plages tout le long de cette côte.
3 À la campagne, il y a de petites maisons qu'on peut louer à la quinzaine ou au mois.
4 Ii y aussi de vieux châteaux qu'on peut visiter.
5 Dans cette région, on peut passer de très bonnes vacances.

C 1 de grands campings
2 de nombreuses familles françaises
3 D'autres estivants
4 de grands hôtels
5 de longues années
6 d'autres
7 de jolis ports de pêche
8 des promenades en mer agréables
9 de bons petits restaurants
10 des fruits de mer délicieux

3.2

A 1 C'est le plus grand port de pêche de la région.
2 C'est la station la plus à la mode de la région.
3 C'est l'église la plus ancienne de la région.
4 C'est le plus joli village de la région.
5 C'est la station la plus moderne de la région.
6 C'est la plus belle plage de la région.
7 Ce sont les hôtels les plus confortables de la région.
8 Ce sont les campings les plus tranquilles de la région.

B 1 C'est le meilleur restaurant de la ville pour les fruits de mer.
2 C'est la meilleure région de France pour la pêche.
3 Ce sont les meilleurs ports de la région pour la navigation de plaisance.
4 Ce sont les meilleures plages de France pour les enfants.

3.3

1 que j'aie jamais vu
2 que j'aie jamais visité
3 que j'aie jamais goûté
4 que j'aie jamais rencontré
5 que j'aie jamais fait

3.4

A		B	
1	que	1	qu'
2	qui	2	dont
3	que	3	qui
4	que	4	dont
5	qui	5	qui
6	que	6	dont
7	qui	7	que
8	que	8	dont

3.5

A		B	
1	tous	1	Tout le monde
2	Toute	2	Tout
3	Tout	3	tout
4	toutes	4	Tout
5	tous	5	tous
6	tous	6	tout le monde
7	Toutes	7	tout
8	tout	8	tout
9	toute	9	tous
10	Tous	10	tout le monde
11	Tous		
12	toute		
13	Toute		

3.6

1	de	7	de
2	d'	8	d'
3	des	9	des
4	de	10	de
5	des	11	de
6	d'	12	des

3.7

A 1 ils ont choisi
  2 tu as joué
  3 j'ai vendu
  4 nous avons dîné
  5 j'ai acheté
  6 elle a attendu
  7 nous avons loué
  8 vous avez fini

B 1 elle est allée
  2 ils sont partis
  3 nous sommes arrivé(e)s
  4 elles sont descendues
  5 elle est montée
  6 nous sommes resté(e)s
  7 il est tombé
  8 ils sont rentrés

C Cet été, nous sommes allés sur la côte Atlantique. Nous sommes allés dans un camping près des Sables-d'Olonne. Les garçons sont allés avec moi (à la) fin juillet mais mon mari est resté une semaine à Paris. Finalement, il est arrivé le 7 août. Ma sœur est venue aux Sables-d'Olonne vers la fin du mois. Elle est allée à l'hôtel et nous sommes tous sortis ensemble plusieurs fois. Enfin, nous sommes tous rentrés/retournés à Paris à la fin août/du mois d'août.

D 1 je me suis levé(e)
  2 il s'est baigné
  3 nous nous sommes promené(e)s
  4 ils se sont amusés
  5 elle s'est reposée
  6 vous vous êtes couché(e)(s)

E 1 Nous sommes allés
  2 nous avons fait
  3 Nous sommes restés
  4 Les enfants se sont amusés
  5 Ils se sont baignés
  6 ils sont allés
  7 ils ont essayé
  8 Sophie et Anne se sont promenées à cheval
  9 Nous avons mangé
  10 nous avons dîné

3.8

  1 nous avons passé
  2 on allait
  3 on a fait
  4 nous faisions
  5 nous avons décidé
  6 Nous sommes montés
  7 il y avait
  8 nous avons visité
  9 nous nous sommes promenés
  10 nous sommes repartis
  11 nous approchions
  12 nous avons vu
  13 se trouvait notre camping
  14 Nous avons continué
  15 nous avons dû

  16 la route était
  17 Tous les arbres brûlaient
  18 On nous a dit
  19 les pompiers essayaient
  20 des avions déversaient
  21 le vent soufflait
  22 le feu se propageait
  23 On nous a conseillé
  24 Nous étions
  25 nous avons décidé
  26 nous sommes rentrés
  27 tous les arbres étaient calcinés
  28 on avait
  29 le camping risquait
  30 nous avons décidé

3.9

1 –	8 à
2 –	9 de
3 –	10 de
4 à	11 à
5 à	12 à
6 à	13 d'
7 de	

4.1

A 1 tu travailleras
2 il prendra
3 nous trouverons
4 elles finiront
5 elle passera
6 je payerai
7 vous parlerez
8 ils gagneront

B 1 J'irai
2 Je pourrai
3 Je travaillerai
4 Je ferai
5 Je verrai
6 Je sortirai
7 J'apprendrai
8 J'achèterai
9 J'aurai
10 je devrai
11 Je reviendrai
12 Je rentrerai

4.2

A 1 Quand j'arriverai à Brighton, j'irai chez Nick.
2 Quand j'aurai un job/un emploi, je chercherai une chambre.
3 Quand je sortirai le week-end, je pourrai parler anglais avec les amis/copains de Nick.

B 1 Si je passe
2 Quand j'aurai
3 Quand je serai
4 Si je parle
5 Si tout marche
6 Quand je me débrouillerai
7 Quand Nick et ses amis parleront
8 Si j'apprends
9 Quand j'habiterai
10 Si j'ai

4.3

1 d'	8 –	15 à
2 de	9 –	16 –
3 –	10 à	17 de
4 de	11 –	18 –
5 à	12 à	19 à
6 –	13 –	20 à
7 –	14 de	

4.4

1 à	5 à	9 de
2 de	6 de	10 à
3 à	7 à	
4 à	8 à	

4.5

A 1 La prof d'anglais a poussé ses élèves à passer . . .
  2 Elle a recommandé à tous les élèves de passer . . .
  3 Son père aussi a encouragé Pierre à élargir . . .
  4 Sa mère n'a pas forcé Pierre à prendre . . .
  5 Elle a conseillé à Pierre d'attendre . . .
  6 Pierre a demandé à ses parents de lui prêter . . .

B 2 Elle leur a recommandé de passer au moins un mois là-bas.
  5 Elle lui a conseillé d'attendre un peu avant de décider.
  6 Il leur a demandé de lui prêter 2 000 francs.

4.6

1 Où vas-tu habiter en Grande-Bretagne?
  Où est-ce que tu vas habiter en Grande-Bretagne?
2 Combien d'argent espères-tu gagner?
  Combien d'argent est-ce que tu espères gagner?
3 Quand vas-tu rentrer en France?
  Quand est-ce que tu vas rentrer en France?
4 Quand Pierre part-il pour Brighton?
  Quand est-ce que Pierre part pour Brighton?
5 Comment va-t-il voyager?
  Comment est-ce qu'il va voyager?
6 La famille de Nick peut-elle héberger Pierre longtemps?
  Est-ce que la famille de Nick peut héberger Pierre longtemps?
7 Quelle sorte de job veux-tu trouver?
  Quelle sorte de job est-ce que tu veux trouver?
8 Pierre parle-t-il bien le français?
  Est-ce que Pierre parle bien le français?

4.7

A			B		
	1	Qu'est-ce que		1	ce qui
	2	ce que		2	Ce qui
	3	qu'est-ce qui		3	quoi
	4	ce qu'		4	Quelle
	5	Qu'est-ce que		5	Qu'est-ce que
	6	Ce qui		6	qu'est-ce qu'
	7	ce que		7	ce que
	8	ce qui		8	quoi
				9	ce que
				10	ce que
				11	ce qui

4.8

1	cela		6	C'
2	C'		7	ce
3	cela		8	cela
4	ce		9	cela
5	Cela		10	cela

4.9

A
1 fils unique
2 programmeur
3 lycéen
4 comptable
5 plombier
6 serveur
7 coiffeuse
8 chauffeur de taxi
9 professeur
10 chômeur

B 1 Jérôme veut devenir homme d'affaires.
2 Il est toujours lycéen/étudiant.
3 Il travaille comme serveur pendant les vacances.
4 Son père est professeur.
5 Sa mère est journaliste.
6 Sa sœur a déjà trouvé un emploi. Elle travaille comme comptable.

5.1

A La monitrice a demandé à son élève . . .
1 . . . d'attendre le feu vert.
2 . . . d'utiliser le rétroviseur plus souvent.
3 . . . de ralentir en approchant du rond-point.
4 . . . de boucler la ceinture de sécurité.
5 . . . de faire attention tout le temps.
6 . . . de penser aux autres automobilistes.
7 . . . de conduire plus lentement.
8 . . . de prendre moins de risques.

B 1 Martin a demandé à son père d'acheter une vieille bagnole.
2 La monitrice a conseillé à Martin de vérifier l'état des pneus.
3 On a dit à Martin de rester à l'hôpital.
4 On a permis aux autres jeunes de rentrer chez eux.
5 Le père de Florence a ordonné à la jeune fille de ne plus sortir avec Martin.
6 Le garagiste a dit au jeune homme de faire réparer les dégâts aussi vite que possible.

C 1 On lui conseille de ne pas démarrer trop brusquement.
2 On lui dit de conduire avec prudence.
3 Souvent les parents leur permettent de conduire la voiture familiale.
4 On leur demande souvent d'acheter une voiture d'occasion.

5.2

A 1 Freine plus doucement!
2 Conduis avec prudence!
3 Pense aux autres automobilistes!
4 Change de vitesse plus tôt!
5 Démarrons maintenant!
6 Prenons la deuxième à gauche!
7 Faisons cette manœuvre encore une fois!
8 Finissons maintenant!
9 Lisez le code de la route très attentivement!
10 Faites attention tout le temps!
11 Ralentissez avant d'arriver à un rond-point!
12 Partez toujours à temps!

B 1 Martin, dépêche-toi!
2 Monte dans la voiture!
3 Installe-toi confortablement!
4 Vérifie le frein à main et le levier de vitesse!
5 Calme-toi!
6 Prépare-toi bien pour l'épreuve!
7 Rappelle-toi tous mes conseils!

C 1 Ne vous mettez pas au milieu de la chaussée!
2 Ne vous approchez pas trop des autres véhicules!
3 Ne vous arrêtez pas trop près du trottoir!
4 Ne vous fâchez pas!
5 Ne nous disputons pas!

D 1 Ne t'amuse pas à regarder ce qui se passe dans la rue!
2 Ne t'occupe pas des erreurs des autres automobilistes!
3 Ne te trompe pas de vitesse!

5.3

1 Après avoir changé la roue, ils se sont remis en route.
2 Après avoir réussi à l'examen du code de la route, on peut passer le permis de conduire.
3 Après avoir appris à conduire, les jeunes veulent acheter une voiture à eux.
4 Après que la voiture était tombée en panne plusieurs fois, on a décidé de la vendre.
5 Après ma première leçon, j'ai pensé que je n'obtiendrais jamais mon permis de conduire.
6 Après que Martin avait donné son nom et son adresse, le policier lui a permis de partir.
7 Après avoir pris un café et après s'être reposé un peu, il a pu continuer son chemin.
8 Après avoir réussi au permis de conduire, il a demandé à ses parents de lui acheter une voiture.

5.4

1 avant de	5 avant
2 Avant qu'	6 avant qu'
3 Avant de	7 avant de
4 Avant d'	8 Avant de

5.5

1 Tu devrais regarder dans ton rétroviseur.
2 Vous ne devriez pas changer de voie sans utiliser le clignotant.
3 Tu aurais dû t'arrêter au feu rouge.
4 On aurait dû acheter une bonne carte routière.
5 Vous devriez toujours boucler votre ceinture avant de partir.
6 On ne devrait jamais rouler vite quand les routes sont mouillées.
7 Vous n'auriez pas dû traverser le carrefour sans regarder à droite ni à gauche.
8 Vous n'auriez pas dû brûler les feux.

5.6

A 1 C'est la dernière fois que je sors avec lui!
2 Le dernier garage avait les pièces dont nous avions besoin.
3 J'ai passé mon permis de conduire la dernière semaine des vacances de Pâques.
4 Il a acheté une nouvelle voiture le mois dernier.
5 Dans les cinq dernières années, ils ont sorti trois nouveaux modèles.

B 1 La semaine prochaine, j'espère acheter une nouvelle voiture.
2 Dans les 20 prochaines années, beaucoup de Français vont acheter une voiture.
3 Lundi prochain, j'irai au lycée en voiture pour la première fois.

5.7

1 Il	**7** c'
2 C'	**8** c'
3 c'	**9** Il
4 Il	**10** c'
5 Il	**11** c'
6 c'	**12** c'

5.8

A 1 Généralement	**8** Fréquemment
2 prudemment	**9** absolument
3 lentement	**10** vraiment
4 doucement	**11** bien
5 Normalement	**12** constamment
6 attentivement	**13** adroitement
7 dangereusement	**14** mal

B 1 avec colère
2 d'une façon décisive/de façon décisive*
3 avec patience
4 d'une façon convaincante/de façon convaincante*
5 avec amour
6 d'une façon impressionnante/de façon impressionnante*
7 avec sympathie
8 d'une façon efficace/de façon efficace*

*The word **façon** can be replaced by **manière**.

5.9

1 –	10 de
2 –	11 de
3 à	12 de
4 à	13 de
5 à	14 – ; –
6 à; –	15 de; d'
7 à	16 d'
8 –; à	17 à
9 d'	

6.1

A 1 Quelle bonne idée!
2 Quelle bonne surprise!
3 Quel homme sympathique!
4 Quelle belle journée!

B 1 Quelle bonne nouvelle!
2 Quel enfant intelligent!
3 Quelle jolie robe!
4 Quel bel appartement!
5 Quel costume élégant!
6 Quelle belle ville!
7 Quelles filles charmantes!
8 Quels beaux magasins!

6.2

1 les	5 l'
2 les	6 le
3 la	7 le
4 le	8 les

6.3

– Thomas t'emmène souvent au théâtre?
– Oui, de temps en temps. Il **me** contacte au cours de la journée pour voir si une pièce **m**'intéresse. Puis il vient **me** chercher au bureau vers six heures.
– On voit bien que Thomas **te** gâte! Il doit t'aimer beaucoup!
– Et tes amis, ils ne t'invitent jamais à aller au théâtre?
– Non, ils **m**'invitent à aller au cinéma ou au restaurant mais ils refusent de **m**'accompagner au théâtre. Ils (**me**) demandent tout le temps pourquoi le théâtre **m**'intéresse et ils refusent de **me** croire quand je dis qu'un vrai spectacle **me** passionne beaucoup plus qu'un film.
– Alors moi, je t'invite à venir avec nous la prochaine fois. Thomas sera très content de t'emmener au théâtre, je **te** le promets!

6.4

A 1 Je **leur** parle de toutes sortes de choses.
2 Je **lui** ai montré les articles.
3 Je veux **leur** donner un cadeau.
4 Je vais **leur** téléphoner ce soir.
5 Dis-**lui** bonjour de ma part!
6 Demande-**lui** de te donner un jour de congé!

B 1 Je leur ai offert les billets.
2 Je lui ai demandé de me téléphoner/de me donner un coup de téléphone.
3 Je leur ai dit que j'étais occupé(e).
4 Je lui ai donné mon numéro de téléphone.

6.5

1 Oui, j'en ai écrit plusieurs.
2 J'y vais deux fois par mois en moyenne.
3 J'y habite depuis deux mois seulement.
4 Oui, il en a deux.
5 Il y en a une dizaine.
6 Je vais y rester encore plusieurs mois.
7 J'espère en écrire six.
8 J'y ai passé un an et demi.

6.6

A 1 J'**y** travaille comme secrétaire.
2 Invite-**les** à venir aussi!
3 Je **lui** ai dit que je serais un peu en retard.
4 Demande-**lui** de me téléphoner!
5 Je **la** connais depuis longtemps.
6 Regarde-**les**!
7 J'**y** ai passé un an.
8 Allons-**y** vendredi soir!
9 Dis-**leur** de parler français!
10 Habituellement, je **leur** parle en anglais.

B 1 Tu dois lui téléphoner ce soir.
2 Tu dois leur montrer ce que tu as écrit.
3 Tu dois m'expliquer exactement ce que tu veux faire.
4 Tu dois lui demander de te donner quelques jours de congé.
5 Tu dois me donner ta nouvelle adresse.
6 Tu dois leur dire que tu veux rester à Paris.

C – Bonjour, madame. Les clefs de l'appartement de Mlle Prévost, vous pouvez **me les** donner?
– Les clefs? Je peux **vous en** donner une mais il **y en** a trois.
– Vous devez **m'en** donner au moins deux puisque nous serons deux à y habiter.
– Deux?
– Mais oui, Mlle Prévost ne **vous l**'a pas dit? Mon fiancé et moi. La deuxième clef, je vais **la lui** donner.
– Alors je peux **vous en** donner deux. Et le loyer, vous allez **me le** verser maintenant?
– Non. Mlle Prévost ne **vous l**'a pas dit? Je vais **le lui** envoyer le premier du mois.
– Ah bon.
– Et les clefs, madame, vous allez **me les** chercher? Je suis pressée.
– Mais oui, madame. Tout de suite.

6.7

1 eux	**5** eux
2 moi	**6** toi
3 lui	**7** elle
4 nous	**8** eux

6.8

1 J'ai quelque chose d'important à te dire.
2 J'ai beaucoup de travail à faire ce soir.
3 J'ai le dîner à préparer.
4 J'ai des articles sur le nouveau Paris à écrire.
5 J'ai deux personnes à interviewer.
6 Je n'ai rien à faire vendredi soir.
7 Tu veux quelque chose à boire?
8 Tu veux que je prépare quelque chose à manger?

6.9

	A		B	
	1 mon salaire		**1** Mon	
	2 ma feuille de paie		**2** mon	
	3 mon compte en banque		**3** mon	
	4 mes économies		**4** mes	
	5 ma carte de crédit		**5** mon	
	6 mon carnet de chèques		**6** mon	
	7 mes dépenses		**7** mes	
	8 mon portefeuille		**8** mon	
			9 mon	
			10 mes	
			11 mon	

C 1 son
2 son
3 son
4 son
5 ses
6 ses
7 son
8 son
9 son
10 Son
11 ses
12 ses

D 1 vos
2 nos
3 Nos
4 notre
5 nos
6 vos
7 nos
8 votre
9 vos
10 nos
11 nos
12 nos

E 1 leurs
2 Leur
3 leur
4 leurs
5 leurs
6 leurs
7 Leur
8 leurs
9 leur
10 leurs
11 leur
12 leurs
13 leur
14 leur

F 1 Beaucoup de Parisiens laissent leur voiture dans la rue.
2 Beaucoup de Français aiment que leur femme soit à la maison quand ils rentrent!
3 Beaucoup d'enfants font leur lit pour aider leurs parents.
4 Très peu de gens ont le temps de ranger leur maison avant de sortir le matin.

6.10

1 vieille
2 ancienne
3 gentille
4 douce
5 professionnelle
6 active
7 agressive
8 sèche
9 fausse
10 longue
11 malheureuse
12 dernière

13 vieille
14 sportive
15 grosse
16 longues
17 inquiète
18 naturelle
19 folle
20 nouvelle
21 active
22 essentielle
23 ancienne

6.11

1 nouvelle
2 nouvel
3 bel
4 nouvel
5 vieil
6 vieux

7 beaux vieux
8 vieilles
9 belles
10 nouveaux
11 nouvel
12 nouvelle

6.12

A 1 depuis   B 1 connaît
  2 pendant   2 est
  3 depuis   3 travaille
  4 pendant   4 habite
  5 depuis   5 étudie
  6 pour (pendant)   6 apprend
  7 pendant
  8 pour (pendant)

C 1 Julie and Sophie have known each other for nearly two years.
  2 She has been in Paris for two months.
  3 She has been working for M. Ricard for six weeks.
  4 She has been living in Françoise's house for two months.
  5 She has been studying French for a long time.
  6 She has been learning Italian for more than a year.

6.13

1 C'est une fille très sportive.
2 C'est un garçon très intelligent.
3 C'est un homme travailleur.
4 C'est une femme très énergique.

7.1

A 1 de   B 1 des
   2 de   2 de
   3 du   3 une
   4 du   4 un
   5 de   5 de
   6 de   6 un
   7 des   7 d'
   8 de   8 un
   9 de la   9 de
  10 de   10 de
  11 de   11 des
  12 de   12 de
                       13 un
                       14 un
                       15 des
                       16 d'

7.2

1	La plupart	8	plusieurs
2	plusieurs/certains/quelques-uns	9	Certains
3	beaucoup	10	plusieurs
4	Certains/Quelques-uns	11	la plupart
5	beaucoup	12	Certains
6	la plupart	13	La plupart
7	Quelques/Certaines	14	beaucoup

7.3

1 Nous avons trop de travail pour repeindre l'appartement.
2 Les enfants sont trop jeunes pour aller à l'école tout seuls.
3 Nous sommes trop loin des magasins pour y aller à pied.
4 Nous n'avons pas assez d'argent pour louer un appartement dans Paris.
5 Nous habitons trop loin de Paris pour y aller le soir.
6 Nous ne sommes pas assez riches pour acheter une maison en banlieue.

7.4

1	J'habiterais	7	Je ne devrais pas
2	J'achèterais	8	Je pourrais
3	J'apprendrais	9	J'irais
4	Je sortirais	10	Je verrais
5	Je profiterais	11	J'aurais
6	Je ferais	12	Je serais

7.5

A 1 Si je travaillais à Paris
     2 Si nous louons
     3 Si les enfants avaient
     4 si le loyer était moins élevé
     5 si le propriétaire accepte
     6 Si nous habitions ici

B 1 nous essayerons d'acheter une maison en banlieue
     2 si les loyers étaient moins élevés
     3 si l'immeuble avait un ascenseur
     4 Si nous louons

7.6

1	Cette	7	Cette
2	Ces	8	ces
3	Cette	9	cet
4	Ces	10	cet
5	Ce	11	ce
6	Cette	12	Cet

7.7

	A			B	
	1	Celle		1	Celui
	2	Ceux		2	Cela
	3	Celui		3	Celle
	4	Celui		4	cela
	5	Celles		5	cela
	6	Ceux		6	Celui

7.8

1	Quelles	4	Quelle
2	Lequel	5	Quels
3	Laquelle	6	Lequel

8.1

A
1 avait servi
2 avait été
3 avait coûté
4 avaient dû
5 avait espéré
6 avait très mal fait
7 n'avaient pas mangé
8 étaient allés
9 avait recommandé
10 avaient passé

B
1 était allé
2 avait pris
3 avait préparé
4 avait servi
5 avait fait
6 avait choisi
7 avait été
8 avait mangé
9 avait dîné
10 n'avait pas inventé

8.2

1	bonne	9	mal
2	bien	10	mal
3	bon	11	bien
4	mauvais	12	bonne
5	mauvais	13	mauvais
6	mauvaise	14	bien
7	mal	15	bien
8	mauvais	16	bons

8.3

1	meilleurs	8	meilleurs
2	mieux	9	mieux
3	meilleurs	10	mieux
4	mieux	11	meilleurs
5	meilleurs	12	meilleurs
6	meilleurs	13	mieux
7	mieux	14	meilleure

8.4

1 son		**8** sa	
2 ses		**9** ses	
3 soi		**10** soi	
4 son		**11** son	
5 vous		**12** sa	
6 soi		**13** soi	
7 son		**14** son	

8.5

1 nous		**5** t′	
2 nous		**6** m′	
3 vous		**7** s′	
4 vous		**8** te	

8.6

1 qu'on fasse
2 que la cuisine traditionnelle ne soit plus
3 que tant de gens aillent
4 que tout le monde choisisse
5 que les gens sortent
6 que les jeunes ne sachent pas
7 que les Français prennent
8 que toute la famille ait

8.7

1 Le garçon a donné le menu et la carte des vins à la famille Mermet.
2 Le garçon a donné une petite portion de frites à Michel.
3 Il a offert un autre verre de vin à M. Mermet.
4 M. Mermet a montré l'addition au garçon.
5 Il n'a pas donné de pourboire au garçon.
6 Beaucoup de restaurants offrent un bon choix de plats au client.
7 Mme Mermet a donné de l'argent à son fils pour acheter un hamburger.
8 M. Mermet a envoyé une lettre à la Chambre de Commerce.

8.8

A 1 Je n'ai jamais mangé un tel repas!
2 Je n'ai jamais payé une telle addition!
3 Je n'ai jamais goûté une telle sauce!

B 1 Je n'ai jamais rencontré un garçon si maladroit!
2 Je n'ai jamais passé une soirée si désagréable!
3 On ne m'a jamais servi une si petite portion!

8.9

1 Rien n'est moins sain qu'un hamburger.
2 Personne n'est si désagréable qu'un serveur maladroit.
3 Personne ne cuisine mieux que ma femme.
4 Rien n'est plus satisfaisant qu'un plat traditionnel.
5 Rien n'attire les jeunes autant qu'un Big Mac.
6 Personne ne mange plus mal qu'un adolescent américain.

8.10

A 1 J'aime manger quelque chose d'exotique.
  2 Quelquefois on veut impressionner quelqu'un d'important.
  3 Je préfère quelque chose de simple et de savoureux.

B 1 Il n'y a rien de plus agréable qu'un dîner entre amis.
  2 Il n'y a personne de si désagréable qu'un serveur inattentif et maladroit.
  3 Il n'y a rien de moins appétissant qu'un hamburger graisseux.

9.1

A 1 Dans les années 60 et 70, toutes sortes de mesures ont été prises pour réglementer la circulation automobile à Paris.
  2 Certaines rues ont été mises en sens unique.
  3 Des zones à stationnement limité ont été créées.
  4 Des parcmètres ont été installés
  5 et des contractuels ont été embauchés pour faire observer les règlements.
  6 Ces mesures ont été acceptées à contre-cœur par l'automobiliste parisien.
  7 En même temps, des efforts ont été faits pour rendre sa vie plus facile.
  8 De nombreux parkings souterrains ont été aménagés
  9 et de grands travaux routiers ont été entrepris.
  10 Une voie express a été créée le long de la rive droite de la Seine
  11 et, en 1970, le Boulevard Périphérique a été mis en service.
  12 De plus, de nombreuses autoroutes ont été construites pour améliorer les liaisons routières avec le reste de la France.

B During the sixties and seventies all sorts of steps were taken to regulate car traffic in Paris. Some streets were made into one-way streets. Restricted parking zones were created. Parking meters were installed and traffic wardens were employed to enforce the rules. Parisian motorists were reluctant to accept these measures. At the same time efforts were made to make their life easier. Several underground car parks were built, and many road works were carried out. A motorway was built along the right bank of the Seine and in 1970 the Parisian ring road was put into service. In addition, a lot of motorways were built to improve road links with the rest of France.

C 1 Quand on a offert son nouvel emploi à Pierre, on lui a donné une voiture plus rapide.
2 On lui permettait de l'utiliser le week-end aussi.
3 On lui demandait souvent d'emmener/de ramener des collègues à Paris.
4 Ce jour-là, on lui a conseillé de partir de bonne heure/tôt parce qu'il y avait du brouillard sur l'autoroute.

9.2

1 Sa femme n'est jamais venue à l'hôpital.
2 Il n'a plus acheté de voiture.
3 Il n'a accusé personne d'avoir causé l'accident.
4 Il n'a jamais essayé d'expliquer l'accident.
5 Il n'a rien fait pour aider les enfants de ses collègues.
6 Il n'a critiqué personne.
7 Il n'a rien fait pour se remettre en forme.
8 Il n'est allé nulle part pour se changer les idées.

9.3

1 Peut-être la voiture a-t-elle dérapé sur le verglas.
  Peut-être que la voiture a dérapé sur le verglas.
  La voiture a peut-être dérapé sur le verglas.
2 Peut-être Pierre était-il un peu fatigué.
  Peut-être que Pierre était un peu fatigué.
  Pierre était peut-être un peu fatigué.
3 Peut-être y avait-il du brouillard sur l'autoroute.
  Peut-être qu'il y avait du brouillard sur l'autoroute.
  Il y avait peut-être du brouillard sur l'autoroute.

9.4

1 En hiver, le brouillard rend les autoroutes très dangereuses.
2 La possession d'une voiture rend la vie plus facile.
3 Mais les voitures rendent tout le monde très paresseux.
4 Quelquefois en ville la circulation rend l'air irrespirable.
5 Les mauvais conducteurs rendent la vie des autres insupportable.
6 Les limitations de vitesse rendent les routes plus sûres.

9.5

1 soit	5 sache
2 veuille	6 devienne
3 va	7 pourra
4 fasse	8 dise

9.6

1 –	**9** de
2 à	**10** à
3 de	**11** à
4 à	**12** de
5 à	**13** d'
6 de	**14** de
7 de	**15** de
8 –; de	**16** de

10.2

A **1** que je parte

2 que je connaisse

3 que je dise

4 que je mette

5 que je lise

6 que j'attende

7 que je choisisse

8 que je voie

B Il est essentiel . . .

1 que je finisse mes devoirs.

2 que je fasse attention en classe.

3 que j'apprenne les verbes irréguliers.

4 que je vienne en classe régulièrement.

5 que j'aille en France aussi souvent que possible.

6 que je sois toujours à l'heure.

7 que je choisisse bien mes amis.

8 que je lise un bon journal.

9 que je sache conjuguer les verbes français.

10 que j'écrive souvent à mon correspondant français.

C **1** que je regarde

2 que je finisse

3 que je descende

4 que je boive

5 que j'apprenne

6 que je vienne

7 que je sache

8 que j'aille

9 que je fasse

10 que j'écrive

11 que je lise

12 que je puisse

13 que je conduise

14 que je sois

15 que j'aie

10.3

Je suis contente . . .
1 qu'elle soit allée dans le Midi avec ses amies.
2 qu'elle ait pu passer tout le mois d'août là-bas.
3 qu'elle n'ait pas passé tout l'été à Paris.
4 qu'elle ait profité du beau temps.
5 qu'elle ait appris à faire de la planche à voile.
6 qu'elles aient toutes passé de bonnes vacances là-bas.
7 qu'elles se soient très bien entendues avec la tante de Marie.
8 qu'elles aient réussi à s'adapter si facilement à la vie en commun.

10.4

A 1 sorte	**B 1** connais	**C 1** soient
2 soient	**2** partes	**2** es
3 puisse	**3** ailles	**3** t'amuseras
4 dise	**4** vivras	**4** soit
5 soit	**5** sache	**5** puisse; soient
6 vienne	**6** dises	**6** aient; sait
7 soit	**7** soit	**7** soit; fait
8 permette	**8** ailles	**8** permette
	·9 sois	
	10 comprends	

D 1 Les parents de Sylvie veulent toujours qu'elle rentre en taxi.
 2 Ils préfèrent que Sylvie sorte avec des jeunes qu'ils connaissent.
 3 Sylvie veut que son père vienne la chercher en voiture.
 4 Les parents de Sylvie aiment qu'elle fasse bien son travail scolaire.
 5 Les parents n'aiment pas que leurs enfants boivent trop.
 6 Tous les parents veulent que leurs enfants soient intelligents, beaux et sportifs.

E 1 puisse
 2 soit; soit
 3 veulent
 4 ait
 5 soit
 6 peut
 7 fasse
 8 a

Index

Note: Where a phrase appears in italics, this is given as an example of the structure listed.